Christine und Michael Hlatky

Wandern mit Hund in der Steiermark

Christine und Michael Hlatky

Freizeit-Erlebnis

Wandern mit Hund in der Steiermark

KRAL
VERLAG

Bildquellenverzeichnis:
Philipp Hlatky: S. 13
Andreas Sturmlechner: S. 8, 16, 17, 19, 20, 35, 37, 38, 45, 46, 47, 51, 56, 57, 76, 77, 78, 80 www.sturmlechner.at
Wolfgang Stock: S. 43, 50
Iris Huber: S. 49

Alle anderen Fotos von den Autoren.

Karten: © BEV 2011, Vervielfältigt mit Genehmigung des BEV – Bundesamtes für Eich- und Vermessungswesen in Wien, T2011/73837

Besuchen Sie uns im Internet: www.kral-verlag.at

Impressum

J. F. Kennedyplatz 2, A-2560 Berndorf
1. Auflage 2011
Umschlaggestaltung: Silvia Wahrstätter, buchgestaltung.at
Grafische Innengestaltung: Andrea Malek, malanda-buchdesign.at
Lektorat: Mag. Hagen Schaub
ISBN: 978-3-99024-025-0

Inhaltsverzeichnis

Vorwort

Lieber Leser, schon wieder ein Wanderführer werden Sie sich sagen. Und Sie haben damit Recht und auch wieder nicht.
Seit Jahrzehnten sind wir als Bergwanderer in den heimischen Bergen unterwegs, seit einiger Zeit gemeinsam mit Hunden. Aus meiner beruflichen Tätigkeit als Lektor und Verleger habe ich immer wieder an der Entstehung von unterschiedlichsten Wanderführern für diverse Zielgruppen mitgewirkt, einen Ratgeber, der speziell auf die Bedürfnisse von Hund und Hundehalter abgestimmt ist, gibt es aber in dieser Form noch nicht. Kindergerechte Wanderungen müssen nicht unbedingt für den Wanderer mit Hund geeignet sein, auch Themenwanderungen mit Streichelzoo und Tierpark als Highlight sind für Hundebesitzer nicht unbedingt zu empfehlen. Eine versicherte Leiter – beispielsweise das „G´hackte" auf den Hochschwab oder die Bärenschützklamm in Mixnitz – können der Höhepunkt einer Wanderung mit Kindern sein. Wenn Sie Hundebesitzer sind, kann Sie das jedoch vor unlösbare Probleme stellen – und gerade diese Gesichtspunkte haben wir in den Mittelpunkt unserer Betrachtungen für diesen Wanderführer gerückt.
Sehr viele Begegnungen mit Hundebesitzern bei unseren Wanderungen laufen und liefen immer nach dem gleichen Schema ab. Nach der obligaten Frage „Rüde" oder „Hündin", kamen in unterschiedlicher Reihenfolge immer dieselben Fragen zu den **drei großen W** der Wanderung, **WASSER, WEIDEVIEH, WILD.** Das sind auch die Kriterien, die wir an hundegerechte Wanderungen gestellt und durch Symbole bei den Touren kenntlich gemacht haben. Gibt es ausreichend Wasser auf der Tour, oder führt die Wanderung sogar teilweise entlang von Wasserläufen, Bächen oder Seen entlang. Die Einschränkungen durch Weidevieh gibt es vorwiegend in der Zeit der Almsaison von Juni bis Ende September. Jagdliche und forstliche Einschränkungen können ganzjährig bestehen oder nur – wie beispielswei-

se im Hochschwabgebiet – während der Zeit der Hochwildbrunft von Mitte September bis Mitte Oktober.

Da das Wandern mit Hund zusätzlich zu den allgemeinen rechtlichen Voraussetzungen für das Wandern einiges an rechtlichen Fragen aufwirft, haben wir einen Beitrag von Dr. Stock aufgenommen, der sich mit dem rechtskonformen Verhalten bei Wanderungen mit dem Hund und Haftungsfragen im Zusammenhang mit Unfällen und Vorkommnissen mit Weidevieh, Wild und anderen Freizeitnutzern befasst. Hoffentlich sind Sie und Ihr vierbeiniger Begleiter davon nicht betroffen, aber einen gewissen Überblick über die möglichen Folgen sollte jeder Hundehalter haben. Wir haben uns bei der Auswahl der Wanderungen daher auch auf markierte Wanderwege beschränkt, um nicht unnötige Diskussionen mit

Grundbesitzern zu provozieren. Grundsätzlich empfehlen wir den mit Hunden Wandernden – wie auch allen anderen Naturnutzern – eine gegenseitige Rücksichtnahme aller in der Natur, beginnend bei den Waldeigentümern, Bauern, die Wald, Wiese und Feld zu Erwerbszwecken nutzen, über Jagdberechtigte, die für das jagdbare Wild aufgrund gesetzlicher Verpflichtungen Verantwortung tragen und dafür den Grundbesitzern eine nicht unbeträchtliche Jagdpacht bezahlen, bis hin zu Mountainbikern (hoffentlich nur auf freigegebenen Wegen unterwegs) wie anderen Wanderern, die von freilaufenden Hunden gestört werden könnten. Das gilt vor allem für Wanderer mit kleinen Kindern, welche durch zu stürmisch agierende Hunde in alpine Gefahren gebracht werden können.
Als versierter Wanderer werden Sie sicherlich viele schöne Wanderungen in der Steiermark vermissen – auch uns fehlen diese Wanderungen schmerzlich. Bedingt durch den Umfang lässt sich aber nur eine beschränkte Anzahl an Wanderungen unterbringen. Wir haben bewusst die „bekannten" Ausflüge rund um Graz, wie den Schöckl, nicht berücksichtigt, einerseits, da hier die Wege so gut markiert sind, dass es keine Probleme beim Wandern mit Hund geben sollte, aber auch, weil wir eher „Bergwanderungen" aufnehmen wollten. Wobei nicht gesagt werden soll, dass der Schöckl keine mehrstündigen Wanderungen anbieten würde. Auch das Mürztal und die Fischbacher Alpen haben wir großteils ausgespart, da wir im nächsten Jahr ein Buch mit dem Titel „Wandern mit Hund, Wiener Hausberge" herausgeben werden, in dem wir diese Wandergebiete entsprechend abdecken möchten. Aus mehreren Gründen haben wir das Gebiet der Kalkalpen ebenfalls nicht in der wünschenswerten Weise dargestellt (Dachstein, Gesäuse, Totes Gebirge). Im Kalkgebiet leiden die empfindlichen Pfoten der Hunde mehr als bei Wald- oder Almenwanderungen. Zusätzlich ist die Versorgung mit Wasser in den Kalkgebieten schwieriger als im Almengebiet und viele der Wanderungen im Kalk erfordern schon etwas mehr als Trittsicherheit und sind nicht für alle Hunde uneingeschränkt geeignet.

Um Ihnen einen schnellen Überblick über die körperlichen und sonstigen Anforderungen der jeweiligen Wanderung zu geben, gibt es bei jeder Route ein Bewertungssystem mit einer Pfote für Wanderungen zwischen 2 und 3 Stunden, zwei Pfoten mit einer Wanderzeit von 3 bis 5 Stunden, bis hin zu anspruchsvollen Wanderungen mit drei Pfoten, die schon einiges an konditionellen Anforderungen an Frauerl, Herrl und Hund stellen. Grundsätzlich muss natürlich jeder Wanderer für sich und seinen vierbeinigen Begleiter die Schwierigkeit der

Tour abhängig von den Wetterverhältnissen und anderen Kriterien beurteilen und als Letztverantwortlicher die Entscheidung über die Durchführung der Wanderung entsprechend selbst tragen.
Bewusst verzichtet haben wir auf Hinweise zur Anreise mit öffentlichen Verkehrsmitteln wie Bus, Bahn und Tälertaxis, da diese mit dem Hund zumeist – vor allem bei Tagestouren – nicht optimal zu organisieren sind. Die Anreise mit dem privaten PKW ist in einer Kurzbeschreibung bei jeder Wanderung angeführt und sollte auch ohne Navigationsgeräte möglich sein.
Zu jeder Tour gibt es eine Übersichtsskizze, die den Wegverlauf im Überblick darstellt. Diese Skizze ersetzt jedoch kein entsprechendes Kartenmaterial und/oder die Orientierung vor Ort anhand der Tourbeschreibungen und der Wegmarkierungen. Gerade in den vergangenen Jahren haben sich viele Wegverläufe und Markierungen nach den Winterstürmen von „Paula" und „Emma" stark verändert. Die Wanderungen wurden im Jahr 2010 noch einmal zur Überprüfung gegangen, können sich aber durch neue Forsterschließungen und wetterbedingte

Einflüsse laufend verändern. Unwetter und Windbrüche, wie beispielsweise im Juli 2010 in den Sölktälern, können Wanderungen von einem Tag auf den anderen auf längere Zeit unmöglich machen.
Einige der anspruchsvolleren Touren führen in alpines Gelände und verlangen Trittsicherheit, aber auch Vertrauen in das richtige Verhalten Ihres Hundes. Längere Wanderungen benötigen eine ausführliche Planung gerade im Hinblick auf geeignetes und stabiles Wanderwetter und andere alpine Gefahren. Auch im August kann es in den Bergen zu Wetterstürzen mit plötzlich einsetzendem Schneefall, Kälte und Nebel kommen, die sehr rasch lebensgefährlich werden können. Mangelhafte Ausrüstung und fehlende körperliche Fitness, gepaart mit Leichtsinn, sind immer wieder die Ursache für den Einsatz der Bergrettung; leider allzu oft mit tragischem Ausgang.
Eine Erste-Hilfe-Notfallsapotheke, ergänzt um die Bedürnisse des vierbeinigen Begleiters, sollte eine Selbstverständlichkeit sein. Diese Notfallsets sind im einschlägigen Handel erhältlich und sollten laufend überprüft und ergänzt werden. Der Alpine Notruf (140) sollte eigentlich jedem Wanderer bekannt, bzw. im Handy eingespeichert sein. Dieser kann auch bei schlechtem bis keinem Empfang und auch bei fast leerem Akku des Mobilgerätes in ganz Österreich noch abgesetzt werden.
Bedanken möchten wir uns bei allen Sponsoren, die durch tatkräftige Unterstützung die Realisierung dieses Buchprojektes erst ermöglicht haben. Ein besonderer Dank gilt dem Kral Verlag und seinem Verleger Robert Ivancich für die Aufnahme in das Wanderprogramm des Verlages sowie seinen Mitarbeiterinnen für die engagierte Betreuung, der Grafikerin Fr. Andrea Malek für die ansprechende Gestaltung der Touren und die Gestaltung der aussagekräftigen Symbole, dem Lektor und Freund Mag. Hagen Schaub für das Beseitigen sprachlicher und orthografischer Fehler, Fr. Dr. Silvia Leugner und Sylvia Petronics für den Beitrag über Ernährung bei Wanderungen, Dr. Wolfgang Stock für den Beitrag über die rechtlichen Aspekte. Bedanken möchten wir uns für die gast- und hundefreundli-

che Aufnahme auf den Hütten und Gaststätten, ganz besonders in der Steirischen Krakau bei der Familie Stiller vom Hotel Stigenwirth. Erwähnen und bedanken möchten wir uns bei allen Wanderkollegen wie unseren Nachbarn Dorli und Sepp Kremsner, Christoph und Günter Maurer und unserem Sohn Philipp, die uns oft bei unwirtlichem Wetter auf den Wanderungen begleitet haben.

Wir wünschen Ihnen als Leser – und wie wir annehmen Hundebesitzer – mit dem Buch viele schöne und verletzungsfreie Wandererlebnisse in der Steiermark, die, wie es schon in der Landeshymne der Steiermark heißt, „Hoch vom Dachstein an" bis ins Weinland im Süden Bergwanderungen in allen Schwierigkeitsstufen bereithält. Kaum eine Gegend der Alpen bietet eine solche Vielfalt auf doch räumlich so überschaubarem Gebiet.

Michael und Christine Hlatky + Alina
in Erinnerung an unseren verstorbenen Hund Aron
Vasoldsberg, Jänner 2011

Erklärung der Symbole

Von der Definition her haben wir uns in diesem Wanderführer auf „Wanderungen“ bzw. „Bergwanderungen“ beschränkt, die sich deutlich vom täglichen Spazierengehen oder gar „Gassigehen“ mit dem Hund unterscheiden.
Wir haben auch versucht, die Wanderrouten so zu wählen, dass der Hund nicht immer in der prallen Sonne stundenlang bergauf laufen muss. Viele Almwanderungen bieten aber kaum Schatten, daher bleibt die Endentscheidung zum Start der Wanderung immer beim Wanderer selbst, der festlegen muss, ob er diese Tour seinem Hund zumuten kann, von den körperlichen Voraussetzungen her und den Wetterbedingungen und anderen Einflussfaktoren.
Da Wanderungen mit dem Hund ja nicht nur in der Wandersaison durchgeführt werden, haben wir in den Tourbeschreibungen darauf hingewiesen, welche Wanderungen ganzjährig bzw. mit Einschränkungen durch Schnee und alpine Gefahren durchführbar sind. Leichte und mittlere Bergwanderungen sind oftmals ganzjährig möglich, mit Einschränkungen bei den Rasthütten und teilweise mit längeren Wanderzeiten ist zu rechnen.
Zur besseren und schnelleren Orientierung haben wir uns für diesen Wanderführer einige Piktogramme einfallen lassen, die auf einen Blick die wichtigsten Anforderungen der jeweiligen Tour erkennbar machen.

Als Mindestdauer einer Wanderung haben wir einen Zeitbedarf von 2 bis 3 Stunden angesetzt, die wir dann als leichte Wanderung mit **einer Pfote** gekennzeichnet haben.

Zwei Pfoten haben einen Zeitbedarf von 3 bis 5 Stunden und erfordern schon eine gute Kondition von Hund und Hundebesitzer.

Drei Pfoten haben lange und schwierige Wanderungen erhalten, bei denen die reine Wanderzeit mehr als 5 Stunden beträgt. Für diese Wanderungen wird eine ausgezeichnete körperliche Fitness von Hundebesitzer und Hund vorausgesetzt. In der Kurzbeschreibung haben wir zusätzlich noch auf besondere Anforderungen wie Trittsicherheit oder steiles und ausgesetztes Gelände hingewiesen.

Auf unseren Wanderungen mit dem Hund sind wir – in unterschiedlicher Reihenfolge und Gewichtung – immer wieder mit den gleichen Fragen bei Kontakten mit anderen Hundewanderern konfrontiert worden, die wir als die **drei großen W** der Hundewanderungen zusammengefasst haben. Für diese wichtigen Kriterien einer Wanderung mit dem Hund haben wir ebenfalls Symbole entworfen, die in der Kopfleiste der jeweiligen Wanderbeschreibung einen schnellen Überblick über diese Anforderungen ermöglichen.

Wasser Dieses Symbol gibt Auskunft darüber, dass bei der Tour auf genügend Wasser zu achten ist. Als Achtung-Zeichen ist es für Hundebesitzer immer zu beachten. Im Sommer bei extremen Temperaturen kann ein Mehrbedarf an Wasser von mehreren Litern erforderlich sein, der im Rucksack Platz finden muss.

Kartenskizzen Zu jeder Wanderung in diesem Buch gibt es eine Übersichtsskizze aus der offiziellen Wanderkarte. Die Ausschnitte sind so gewählt, dass diese eine grobe Orientierung vor und während der Wanderung ermöglichen. Diese Skizzen können schon von der Größe und vom Kartenausschnitt jedoch ein ordentliches Kartenmaterial oder ein GPS-Gerät mit entsprechenden zusätzlichen Informationen nicht ersetzen. Da wir uns bei allen Wanderungen auf markierte Wanderrouten beschränkt haben, sind Spezialkarten nicht erforderlich. Bei schlechter Sicht, bei Dunkelheit und Nebel leisten Outdoorgeräte auf Satelitennavigationsbasis gute Hilfe bei der Orientierung. Verzichtet haben wir auf die Aufnahme von Höhenprofilen, die wir von unseren GPS-Geräten zwar zur Verfügung hätten, die wir aber als zu technisch ansehen. Wandern, ob allein oder gemeinsam mit dem Hund, soll Spaß machen und nicht in Hochleistungssport ausarten, wo nur mehr Höhenmeter und Höhenprofile das Thema beherrschen. Bei vielen Wanderungen haben wir zu der Normaltour auch immer Alternativvorschläge angeführt. Einige Touren lassen sich mit Übernachtungen sehr gut zu mehrtägigen Wanderungen kombinieren.

Zeitangaben Die Zeitangaben beziehen sich pro Wanderung auf die reinen Gehzeiten ohne Rastzeiten, eine durchaus übliche Darstellungsart. Nachdem wir (Herrl und Frauerl) als Wanderer auch schon im sechsten Lebensjahrzehnt stehen, gehen wir davon aus, dass wir Sie als

Leser nicht zu sportlichen Höchstleistungen auffordern. Als groben Anhaltspunkt haben wir uns an die vom Alpenverein oder den Naturfreunden bei den Markierungen angegebenen Zeiten gehalten. Nachdem wir bei den Wanderungen für das Buch immer wieder fotografiert haben, stimmen diese Zeitangaben zumeist ziemlich genau mit unserer Wanderzeit überein. Unser junger Hund mit erst knapp mehr als einem Jahr ist hier zumeist deutlich belastbarer und schneller, vor allem regeneriert er sich deutlich rascher als seine zweibeinigen Begleiter. Sie müssen für sich und Ihren vierbeinigen Begleiter die richtigen Wanderungen auswählen, abhängig von Ihrer körperlichen Kondition. Beginnen Sie zuerst mit Wanderungen, die mit einer oder zwei Pfoten gekennzeichnet sind, und steigern Sie bei entsprechender Kondition die Anforderungen. Gerade am Beginn der Wandersaison sind große Touren vielleicht noch nicht zu empfehlen.

Achten Sie bei Ihren Wanderungen bzw. der Planung darauf, dass Sie genügend Rastzeiten einplanen und hier nicht durch zu enge Terminplanung unter Druck geraten. Im Sommer können instabile Wetterlagen zu schnellerem Tempo zwingen, im Frühjahr und im Herbst sind dann die Tage deutlich kürzer, was bei der Planung unbedingt zu berücksichtigen ist.

Wetter und Witterungsverhältnisse können eine Wanderung

vom Zeitplan her total über den Haufen werfen. Bei Schneelage und ohne entsprechende Spuren oder Schneeschuhe kann sich auch eine gemütliche Wanderung, für die im Herbst eine halbe Stunde zu veranschlagen ist, zu einer stundenlangen Gewalttour auswachsen. Wie so vieles im Leben sind auch die Zeitangaben immer relativ zu sehen, abhängig von Ihrer persönlichen Fitness, der Leistungsfähigkeit Ihres Hundes und natürlich auch vom Alter.

Anfahrtsbeschreibung Nach langer Überlegung haben wir uns bei diesen Wanderungen auf die Verwendung des privaten PKWs beschränkt, da die Anreise mit öffentlichen Verkehrsmitteln wie Bahn und Bus in der Steiermark auf Grund der geografischen Ausdehnung für Tagestouren kaum in vernünftiger Zeit planbar ist. Interessant sind jedoch Anbote von Tälerbussen, die es beispielsweise in der Steirischen Krakau und im Dachstein-Tauern-Gebiet gibt. Diese ermöglichen es, Rundwanderungen zu unternehmen, ohne die langen Fußmärsche zurück zum Auto. Diese Tälerbusse verkehren aber nur in der Hauptwanderzeit, und die Informationen bitten wir Sie über das Internet oder direkt vor Ort einzuholen.
Die Anfahrtsbeschreibungen bei den Wanderungen beziehen

sich auf das hochrangige Straßennetz mit den Angaben zu Abzweigungen in Forstwege oder Nebenstraßen. Gegebenenfalls sind Straßenkarten oder das heute in den Autos schon beinahe standardmäßig integrierte Navigationssystem zur Rate zu ziehen. Als Parkmöglichkeiten sind öffentlich zugängliche Parkplätze angegeben, teilweise sind auch Mautstraßen vorgesehen, wie zum Grünen See oder auf die Tanzstatt, gebührenpflichtige Parkplätze gibt es in der Steiermark im Vergleich zum Ausland Gott sei Dank nur sehr wenige.

Übernachtungen Bei unseren Wanderungen haben wir uns – stabile Wetterverhältnisse vorausgesetzt – öfters auch mehrere Tage in einem Wandergebiet aufgehalten und uns dabei entsprechende hundefreundliche Übernachtungsmöglichkeiten gesucht. In der Steirischen Krakau gab es mit dem Hotel Stigenwirth eine ideale Ausgangsbasis für mehrere Wanderungen sowohl im Sommer als auch im Winter, das gibt es auch in den Sölktälern, rund um Mariazell, im Dachstein-Tauern-Gebiet aber auch im Südsteirischen Weinland bis in die Fischbacher Alpen. Auf der Homepage des Steiermarktourismus oder unter dem Stichwort „hundefreundliche Wanderungen und Übernachtungen Steiermark“ werden Sie sicherlich in allen gewünschten Kategorien fündig, von der Hüttenübernachtung bis zum Mehrsternhotel mit Wellnessangeboten.

Planung der Touren Dieser Wanderführer soll Ihnen eine Anregung sein, um hundegerechte Wanderungen zu finden, wieder zu entdecken oder neue Ziele anzustreben. Durch den Umfang bedingt, war es nicht möglich, eine auch nur einigermaßen umfassende Darstellung aller Wandermöglichkeiten in der Steiermark zu erstellen. Wir hatten daher „Mut zur Lücke“, wissen aber, dass uns hier Kritik entgegengebracht werden wird. Die Steiermark als das klassische Bergwanderland bietet von Westen her beginnend bei den Schladminger Tauern in der Steirischen Krakau und dem Dachstein-Tauern-Gebiet über die Sölktäler, die Rottenmanner und Triebener Tauern, mit dem

Zirbitzgebiet, den Seckauer Alpen, den Mürztaler Bergen, dem Hochschwabgebiet und den Fischbacher Alpen Bergwanderungen in allen Kategorien und Schwierigkeitsgraden an. Dazu kommen noch das Weststeirische Randgebirge mit der Weinebene, dem Gaberl, der Gleinalpe, die klassischen Grazer Hausberge im Murtal, wie dem Hochlantsch, dem Almengebiet der Teichalm mit dem größten zusammenhängenden Almengebiet Mitteleuropas, dem Schöckel, und dem Oststeirischen Hügelland und nicht zu vergessen die steilen Weinhänge der Süd- und Südoststeirischen Weinstraße.

Hochgebirgstouren haben wir nicht aufgenommen, auch wenn wir aus Erzählungen gehört haben, dass es Hundebesitzer geben soll, die mit dem Vierbeiner auf Klettersteigen unterwegs sind! Es fehlen auch die Wanderungen im Kalkgebiet des Ennstals und des Gesäuses, mit Ausnahme zweier Touren im Hochschwabgebiet und auf die Hohe Veitsch. Gerade Kalk und die spitzen Steine sowie zumeist das fehlende Wasser machen Wanderungen in diesen Gebieten nicht gerade hundefreundlich. Selbstverständlich gibt es auch hier Wanderungen an der Enns entlang im Nationalpark Kalkalpen, die für Hunde geeignet sind.

Lawinenhunde und Bergrettungshunde, die im Sinne von Gebrauchshunden bei alpinen Gefahren wie nach Lawinenabgängen oder zum Suchen von Vermissten und Verschütteten eingesetzt werden, werden ganz anders ausgebildet und geschult. Wir haben eine große Hochachtung vor diesen Hunden, die dort eingesetzt werden, wo wir mit unserem Vierbeiner zum Vergnügen unterwegs sind, um Menschenleben zu retten. Diese Hunde sind ebenfalls nicht die Zielgruppe für dieses Buch, von diesen Einsatzhunden können wir alle als Hobbywanderer noch lernen.

Der vorliegende Führer entbindet Sie bei der Planung Ihrer Wanderung nicht von der Eigenverantwortung, sich aktiv über mögliche alpine Gefahren zu informieren. Das Abfragen des Wetterberichtes bzw. des lokalen Bergwetters ist bei einer mehrstündigen Wanderung unumgänglich. Eine gute Auskunftsquel-

le für fundierte Informationen sind darüber hinaus Hüttenwirte, die jahrelange Erfahrung in ihrer Region haben und die Wetterverhältnisse zumeist sehr genau einschätzen können. Nehmen Sie eventuelle Warnungen von dieser Seite ernst und brechen Sie lieber eine Tour einmal zu viel ab, als dass Sie in eine alpine Notsituation geraten. Auch bei größter Vorsicht können Gefahren und Unfälle nicht immer gänzlich ausgeschlossen werden, vorhersehbare Ereignisse sollte man nach Möglichkeit aber vermeiden. Wir haben es zwar schon öfters erwähnt, der alpine Notruf ist über alle Handynetze in ganz Österreich selbst bei eingeschränktem Empfang und praktisch leerem Akku über das Mobiltelefon möglich. Bitte notieren Sie die 140 auf einen Zettel oder speichern Sie die Nummer ins Handy ein.

Als Motto sollte über allem stehen: **Das Wandern mit dem Hund soll eine Belohnung für Sie und Ihren Liebling sein, kein Wettkampf, kein Hochleistungssport und kein Gipfelsammeln.** Wanderungen sollen und können anspruchsvoll sein, nur beachten Sie Ihre eigene körperliche Fitness und die Ihres vierbeinigen Begleiters, dann wirkt Wandern stressabbauend und gibt Ihnen neue Kraft. Zeitdruck, ungeplante Wetterverhältnisse, fehlende Ruhepausen hingegen erzeugen Druck und negativen Stress, der keinen Erholungswert hat. Wir wünschen Ihnen viel Spaß in den Bergen der Steiermark und viele erholsame und vor allem unfallfreie Stunden beim Wandern mit dem Hund.

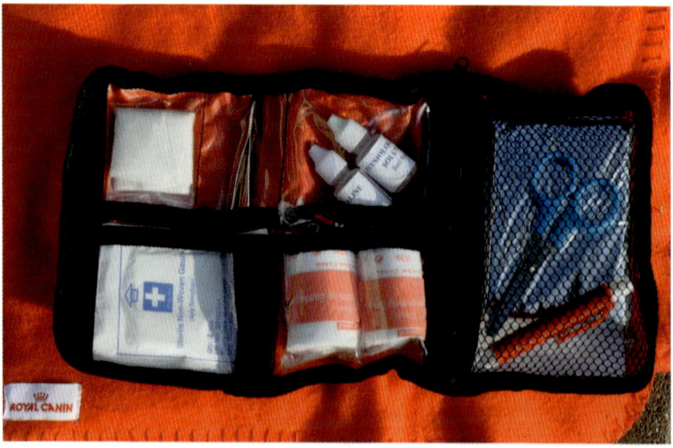

Die gewohnte Umgebung im Auto ist als Rückzugsgebiet für den Hund auf der An- und Rückreise sehr angenehm.
Genauso wie für die zweibeinigen Wanderer sind die vier Pfoten des Hundes und der Schutz derselben von entscheidender Bedeutung. Schlecht sitzende Wanderschuhe verursachen Druckstellen und Blasen, das fällt beim Hund natürlich weg, trotzdem kann es zu Verletzungen der Pfoten kommen, die es erforderlich machen, die empfindlichen Ballen der Hundepfote durch sogenannte „Hundeschuhe" zu schützen, vor allem dann, wenn es bei einer Wanderung schon zu Verletzungen gekommen ist. In die Notfallapotheke gehört daher zumindest ein Schutzschuh (achten Sie auf die genaue Größe und prüfen Sie diese vor dem Ernstfall), entsprechende Cremen und Verbandsmaterial, Mullbinden, eine Pinzette, eine Schere, sterile Kochsalzlösung, eventuell Augentropfen und eine Zeckenzange. Diese Notfallsets für Hunde sind bereits fertig abgepackt erhältlich, vergewissern Sie sich aber, dass wirklich alle notwendige Dinge enthalten sind, überflüssige Utensilien sind nur eine gewichtsmäßige Belastung, wirklich wichtige Dinge fehlen dann vielleicht. Eine Erste-Hilfe-Tasche gehört auch für jeden Wanderer in den Rucksack, eventuell mit einer kurzen Anleitung für alpine Notfälle.

Was für den Wanderer sein Rucksack ist, kann für den Hund seine Tragetasche sein, mit der der Hund – verteilt auf beide Seiten – auf dem Hunderücken einen Teil seiner eigenen Ausrüstung tragen kann. Wichtiger als die Tragtaschen ist jedoch ein ordentliches Geschirr, dass dem Hund entsprechende Bewegungsfreiheit ohne Einschränkungen ermöglicht, dem Hundehalter aber auch die Sicherheit gibt, dass der Hund ordnungsgemäß angeleint ist. Eine etwas längere Leine, eventuell auch eine flexible, aufrollbare Leine, erhöhen den Aktionsradius des Hundes, können aber im Wald oder in unwegsamem oder steilem Gelände einschränkend und behindernd sein. Ein Ersatzhalsband bzw eine Ersatzleine sollten im Rucksack noch Platz finden. Eine verlorene oder gerissene Leine lässt sich sonst schwer ersetzen. Gut geeignet sind hier Reepschnüre und ein Karabiner, wie sie auch für das Anseilen im steilen Gelände Verwendung finden. Eine spezielle Bauchleine mit einem gepolsterten Bauchgurt verteilt das Zuggewicht des Hundes gleichmäßiger, auch eine Verbindung der Hundeleine mit dem Rucksack bzw. zum Bauchgurt schafft Bewegungsfreiheit für die Hände.
Im Fachhandel gibt es Rucksäcke, die mit einer integrierten, ausklappbaren Wasserflasche für Hunde sowie einer klapp-

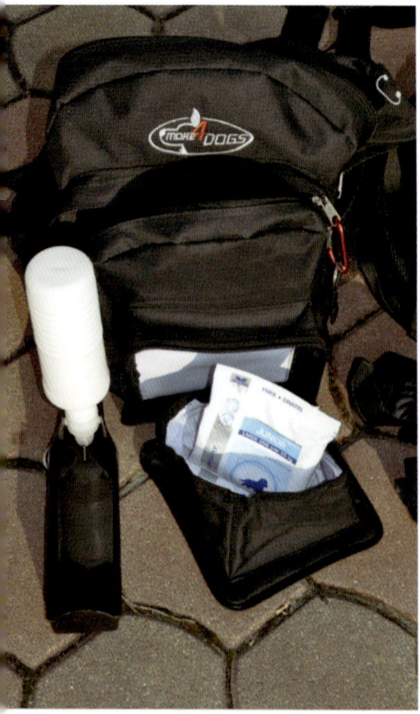

oder faltbaren Futterschüssel ausgestattet sind. Natürlich können Sie auch eine Schüssel aus Plastik, kombinierte Gerätschaften bzw. faltbare Futterbehälter verwenden. Entscheidend ist bei allen diesen zusätzlichen Gegenständen, dass diese im Rucksack gut und sicher verstaut werden können und nach Möglichkeit leicht und strapazierfähig sind.

Ein entsprechender Wasservorrat und Leckerlis bzw. hochwertiges und kalorienreiches Zusatzfutter gehören unbedingt in den Rucksack. Hier gibt es in Plastik verpackte Probepackungen bzw. portionierte Dosen, die sich leicht transportieren lassen. Bei losem Transport verwenden Sie bitte Vorratsbehälter, da sich das Tro-

ckenfutter bei Kontakt mit Wasser aufweicht und zu quillen beginnt und dann im Rucksack nicht mehr zu transportieren ist. Mit Reißverschlüssen wieder verschließbare kleine Plastiksäckchen eignen sich hervorragend zum Portionieren des Futters, aber auch als Schutz vor Wasser für das Mobiltelefon, die Geldtasche und Ausweise bis hin zur Fotoausrüstung. Mindestens ebenso wichtig wie Wasser und Futter ist eine entsprechende Schutzbekleidung für den Hund. Genauso wie in jeden Rucksack ein Regenschutz und eine warme Jacke gehört, benötigt auch Ihr Vierbeiner bei extremen Wetterverhältnissen einen Wind- und Regenschutz. Eine Hundedecke (leicht aus Fleece-Material) dient bei den Raststationen als Unterlage, kann aber auch zum Abtrocknen nach einem Gewitter oder einem Bad im Bach oder See verwendet werden.

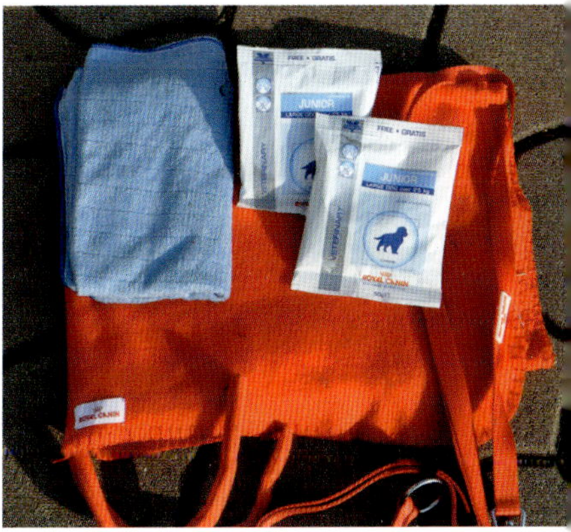

Ein gesondertes Hundehandtuch ist ebenfalls sinnvoll, gerade wenn ihr Hund gerne Wasser aufsucht. Als besonders hilfreich haben sich bei längeren Wanderungen im Winter Hundeschutzdecken erwiesen, die den Hund bei Schneefall und Regen schützen. Diese Fleece- bzw. Goretex-Decken verhindern das Auskühlen des Hundes bei Wind und anderen Wetterbedingungen. Gerade unser Hund (Dobermann), der über kein ausreichend langes Fell verfügt, war in Extremsituationen für diese „Schutzkleidung" sehr dankbar. Ein Schlittenhund wird über diese Hilfsmittel wahrscheinlich nur mitleidig knurren.
Natürlich gibt es im Fachhandel noch eine Vielzahl mehr oder weniger nützlicher Ausrüstungsgegenstände, wichtig ist unserer Meinung nach aber immer das Verhältnis von Gewicht und Volumen im Rucksack und dem damit erzielbaren Komfort. Auf keinen Fall sollten Sie bei Wasser, Futter und Erste-Hilfe-Ausstattung sparen, dazu gehört noch ein entsprechender Wetter- und Kälteschutz für den vierbeinigen Begleiter.
Bei mehrtägigen Wanderungen, die mit Hunden durchaus möglich sind, sind eine Schlafdecke und der entsprechende

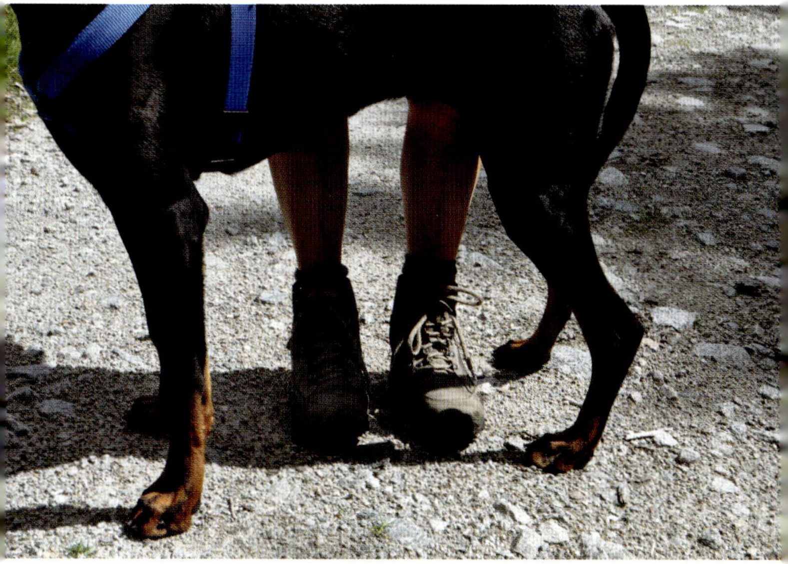

Futtervorrat einzuplanen. Da bei diesen Weitwanderungen zumeist auf Schutzhütten übernachtet wird, ist es notwendig, vorher Erkundigungen einzuholen, inwieweit die Möglichkeit besteht, Hunde mitzubringen. Da ja auch die Bergrettung mit vierbeiniger Unterstützung arbeitet, haben wir bisher noch nie Probleme mit Hunden in Schutzhütten gehabt.

Abschließend möchten wir doch noch einen kurzen Überblick über die Ausrüstung des Wanderers geben. Wir haben gerade bei den Wanderungen zu diesem Buch wieder gesehen, dass ausgezeichnetes Schuhwerk das Um und Auf jeder Wanderung ist. Wir haben versucht, bei „kleinen" Wanderungen auf Turnschuhe auszuweichen, mussten aber sehr bald erkennen, dass beim Wandern mit Hund das Queren von Wasserläufen, Pfützen und Schmutz nicht ganz zu vermeiden ist. Da eignen sich feste Wander- und Trekkingschuhe einfach besser als die Turn- oder Laufschuhe, die für ganz andere Anforderungen konzipiert sind.

Ein ausreichend dimensionierter Rucksack erleichtert das Mitführen der für den Hund notwendigen zusätzlichen Utensilien.

Ein guter Sitz mit Brust- und Hüftgurten erleichtert das Tragen bei längeren Touren ungemein. Sollten Sie beabsichtigen, den Hund mit einem Bauchgurt zu führen, sollte dieser zum Rucksack passen oder dort integrierbar sein.
Dass Schutzbekleidung und Wechselwäsche in jeden Rucksack gehören, versteht sich eigentlich von selbst. Genauso wie eine Haube und Handschuhe, eventuell eine Rettungsfolie oder ein Biwacksack. Für längere Wanderungen sind Funktionsbekleidungen, die Schweiß abtransportieren, aber sich nicht nass anfühlen, eine gute Wahl. Jahrelang sind wir – wenn wir ohne Hund unterwegs waren – mit Bergstöcken gewandert, die vor allem bergab die Gelenke entlasten. Bei den Wanderungen

für dieses Buch haben wir zumeist schweren Herzens darauf verzichten müssen, einerseits, da der Hund an der Leine zu führen war, andererseits aber auch, da wir die Hände für Fotos frei haben mussten. Wir führen diese Wanderstöcke zusammengesteckt aber immer in unserem Rucksack mit, gerade bergab können diese „Gehhilfen" hilfreich sein.
Ihre Erste-Hilfe-Apotheke sollte an die Erfordernisse des Hundes angepasst sein (siehe oben). Sie können aber doppelte Dinge wie Scheren, Pinzetten etc. aus Gewichtsgründen entfernen. Sehr gute Dienste leisten Multifunktionsmesser, die für kleine Reparaturen an der Ausrüstung notwendig sind. Eine Stirnlampe (prüfen Sie regelmäßig die Batterien) ist sowohl bei Hüttenübernachtungen als auch bei unvorhergesehen Situationen und bei einbrechender Dunkelheit sehr hilfreich. Diese LED-Lichter sind handlich und beschweren den Rucksack kaum. Die flexiblen Bänder ermöglichen ein Anbringen am Kopf, ohne die Bewegungsfreiheit der Hände einzuschränken.

Besondere Vorsichtsmaßnahmen beim Wandern mit dem Hund

Grundsätzlich gelten die gleichen Gefahrenpotenziale für das Wandern in den Bergen auch beim Wandern mit dem Hund. Einige Besonderheiten sind aber noch zusätzlich zu beachten, auf die wir hier kurz eingehen möchten.

Dass längere Wanderungen in den Bergen ein stabiles Wetter erfordern und daher ein gewisses Maß an Vorplanung und aktiver Recherche bezüglich des zu erwartenden Bergwetters notwendig macht, versteht sich eigentlich von selbst. Zur allgemeinen Großwetterlage gibt es in den Bergen sehr viele lokale und regionale Erscheinungen, wie Gewitter, Nebel und andere Phänomene, die den Einheimischen, den Pächtern der Schutzhütten und erfahrenen Wanderern sehr wohl bekannt sind. Es kann durchaus vorkommen, dass Sie auf Ihrer Tour den ganzen Tag keine Sonne gesehen haben, obwohl der Wet-

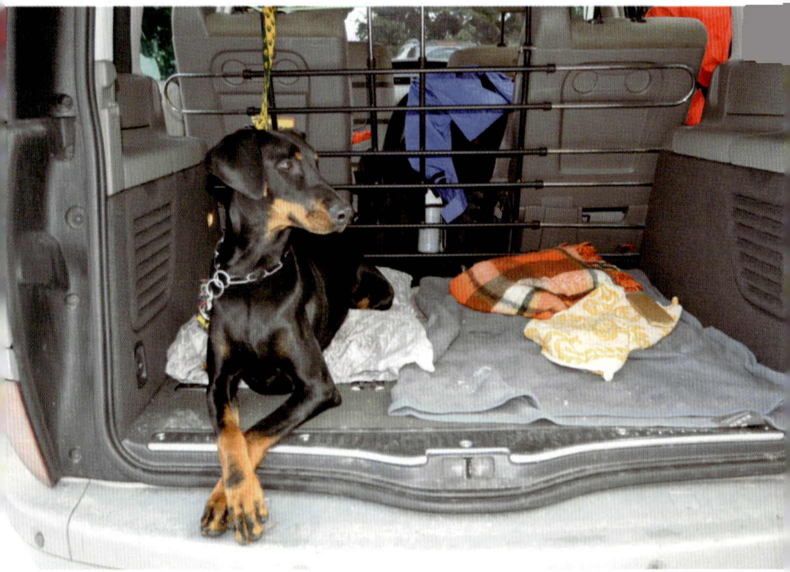

terbericht Badewetter mit nur Sonnenschein vorhergesagt hat. Einen Bergzug weiter mag diese Wetterprognose auch gestimmt haben, bei Ihnen war aber Nebel und schlechte Sicht. Die Letztentscheidung und die Verantwortung kann Ihnen niemand abnehmen. Ein Grundsatz sollte immer gelten: **Sicherheit geht vor jeden Gipfelsieg!** Lieber einmal öfter die Tour abgebrochen, als in eine vermeidbare alpine Gefahr zu geraten.

Da viele der besprochenen Wanderungen ganzjährig zu begehen sind, sind eine mögliche Lawinengefahr und die Schneehöhe ebenfalls ein zu beachtendes Kriterium. Vermurungen nach heftigen Unwettern im Sommer, Behinderungen nach Windbrüchen, wie die Winterstürme „Emma“ und „Paula“ in den vergangenen Jahren gezeigt haben, können viele Wanderungen erschweren, wenn nicht sogar für längere Zeit unmöglich machen.
Wir haben schon erwähnt, dass sich Wanderungen, die als „kinderleicht“ beschrieben werden, bei Hundebegleitung als unmöglich zu bewältigen herausstellen, wenn der Weg über rutschige, wenn auch mit Handläufen versicherte Holzstiegen oder gar Leitern führt. Kleinere Hunde kann man eventuell noch über diese Stellen tragen, das ist ab einer gewissen Größe und dementsprechendem Gewicht nicht mehr möglich.
Eines der entscheidenden Kriterien bei der Auswahl der Wanderung ist die konditionelle Konstitution des vierbeinigen Begleiters. Im Anhang zu diesem Wanderführer haben wir noch einmal alle Wanderungen in einer Übersichtstabelle mit Schwie-

rigkeitsgraden und zu beachtenden Kriterien zusammengefasst. Die Belastbarkeit ist von vielen Faktoren abhängig, zu denen das Alter, aber auch die allgemeine körperliche Fitness gehören. Selbstredend sollte die Kondition von Hundebesitzer und Hund übereinstimmen. Junge Hunde sind tendenziell ungestümer, ermüden aber rascher und brauchen öfter und längere Ruhepausen, um sich zu regenerieren. Wie bei kleinen Kindern erholen sie sich aber viel rascher als Erwachsene.

Beachten Sie besonders, dass Hunde aufgrund ihrer physiologischen Gegebenheiten nicht schwitzen können – nur über die Fußballen können sie etwas Flüssigkeit absondern. Durch das Fell ist ein Schwitzen – wie beim Menschen über die Haut – nicht möglich. Die einzige Möglichkeit, sich bei Anstrengungen Erleichterung zu verschaffen, ist das „Hecheln" über die Schnauze. Achten Sie daher bei längeren Anstiegen darauf, möglichst schattige Wege zu wählen. Unsere Routenauswahl hat darauf Bedacht genommen, wobei Schatten bei Wanderungen über der Baumgrenze logischerweise nicht zu erwarten ist. Sorgen Sie für ausreichende Flüssigkeitszufuhr und entsprechende Rastzeiten. Im Extremfall erleiden Hunde Kreislaufzusammenbrüche und der Kollaps kann auch zum Tod führen. Behalten Sie den Hund daher immer kritisch im Auge, Sie kennen ja das Verhalten Ihres Begleiters sehr gut

und beurteilen Sie seine Zeichen.
Auf einige oftmals unterschätzte Gefahren im Wald und im alpinen Gelände sei hier nur am Rande hingewiesen. Nördlich der Mur-Mürzfurche gibt es in der Steiermark ein Verbreitungsgebiet von Kreuzottern, besonders im Gebiet der Hohen Veitsch, dem Hochschwab und generell in den Niederen Tauern. Direkte Kontakte sind zwar selten, kommen aber doch immer wieder vor, wobei sich die Giftschlangen zumeist von Mensch und Hund rechtzeitig zurückziehen. Der Biss einer Kreuzotter kann zu lebensbedrohlichen Reaktionen beim Hund führen – ist auch beim Menschen unangenehm, jedoch bei gesunden Menschen nicht unbedingt lebensbedrohlich. Eine völlig unterschätzte Gefahr geht von den zwar seltenen, aber doch in den Wäldern südlich von Graz – vor allem nach Regenfällen – anzutreffenden herrlich anzusehenden Feuersalamandern aus. Wir hatten eine solche unangenehme Begegnung mit unserem Hund, die eine Behandlung durch den Tierarzt erforderlich machte, da das versprühte Gift des Feuersalamanders zu Verätzungen im Rachenraum des Hundes mit anschließenden Atembeschwerden führte. Recherchen ergaben, dass Katzen, aber auch kleinere Hunde nach Kontakten mit Feuersalamandern verstorben sind.
Wespen- und Hornissenstiche sind durchaus mögliche Vorfälle

beim Wandern, wenn der Hund in ein Erdnest tritt. Bei Allergikern (Mensch, aber auch Hund) kann es nach Stichen zu lebensbedrohlichen Reaktionen kommen. Wenn Sie davon betroffen sind, ist das Mitführen eines Akutsets (mit Tabletten und einer Adrenalinspritze) unbedingt erforderlich.

Tollwut ist seit einigen Jahren kein Thema mehr in der Steiermark, in gekennzeichneten Gebieten können jedoch immer wieder Impfköder ausgebracht worden sein. Der Hund gehört nicht nur hier, sondern generell im Wald an die Leine, dann lassen sich schon viele Gefahren vermeiden. Der vom Fuchs über seine Ausscheidungen übertragene Fuchsbandwurm ist wesentlich gefährlicher für den Menschen als die Tollwut. Der mögliche Kontakt mit der Fuchslosung kann ebenfalls durch das Anleinen des Hundes deutlich verringert werden, da damit der Vierbeiner einer stärkeren Kontrolle unterworfen ist.

Zeckenbisse sind unangenehme Belästigungen. Die festgesaugten Plagegeister können beim Hund mittels Zeckenzangen leicht beseitigt werden. Eine Impfung schützt den Hundehalter vor der Übertragung der gefährlichen FSME durch infizierte Zecken. Gegen die ebenfalls von Zecken übertragene Borreliose gibt es bei Auftreten der charakteristischen kreisrunden roten Flecken, zumeist einige Stunden bzw. Tage nach einem Zeckenbiss, eine wirksame Behandlung mit Antibiotika durch den Arzt. Die Steiermark ist, vor allem im Süden, ein intensives Zeckengebiet. Beide Krankheiten, FSME und Borreliose, haben jedoch beim Hund keine Bedeutung.

Verstauchungen und Verletzungen an den Pfoten und Läufen der Hunde können jederzeit vorkommen. Mittels Schienen und einer Erstversorgung eventueller Wunden ist auch ein „dreibeiniger“ Hund noch einigermaßen mobil. Verletzungen durch Äste, scharfe Steine und nach Stürzen erfordern ebenfalls eine Erstversorgung mittels der hoffentlich entsprechend bestück-

ten Erste-Hilfe-Kassette. Das Entfernen von Fremdkörpern aus den Augen bzw. das Spülen der Augen mit den Augentropfen in der Notfallsapotheke für Hunde sind weitere kleinere „Operationen“, die aber auch beim Spazierengehen auftreten können.
Im Fachhandel, siehe auch das Kapitel Ernährung bei Wanderungen Seite 41 ff., gibt es für längere und anstrengende Wanderungen spezielle Nahrungsergänzungsmittel, vergleichbar den Elektrolytersätzen (Magnesium) beim Menschen. Zur Belohnung des Hundes und als Tröstung bei Verletzungen sollten „Leckerlis“ in der Apotheke nicht fehlen.
Jede Verletzung – ob bei Mensch oder beim Hund – stellt eine Ausnahmesituation bei Wanderungen am Berg dar und erfordert Ruhe und Überlegung. Bewahren Sie einen kühlen Kopf und stabilisieren Sie den Verunglückten. Der alpine Notruf –noch einmal zur Erinnerung – ist 140 in ganz Österreich.

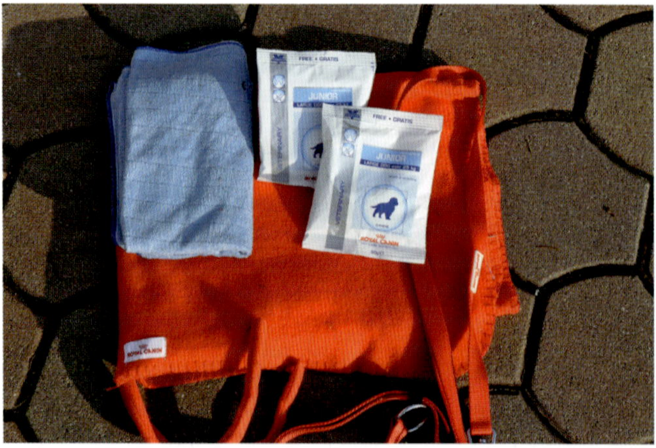

Tierarzt gibt es Spezial-Feuchtnahrung oder Instantpulver zum Anrühren mit Wasser, wie z.B. eine elektrolyt- und traubenzuckerhaltige Trinklösung.
Sorgen Sie im Sommer dafür, dass Sie schattige Routen wählen und Ihr Vierbeiner nicht in der prallen Sonne laufen muss. Das kann bei Überanstrengung zu Kreislaufschwierigkeiten, Atembeschwerden und im schlimmsten Fall zum Hitzeschlag führen.
Im Winter müssen die empfindlichen Pfoten des Hundes mit einer Creme oder speziellen Schutzschuhen, die im gut sortierten Zoofachhandel erhältlich sind, vor Abschürfungen durch eisigen Schnee oder Streusalz/-schotter geschützt werden.
Um selbst die Arme frei zu haben, können Sie sich eine Bauchleine besorgen, bei der die Hundeleine mit einem gepolsterten Bauchgurt verbunden ist. Lassen Sie Ihren Hund im Freien angeleint, um zu vermeiden, dass er Wild, andere Wanderer oder Radfahrer „jagt“.
Weitere Informationen gibt es im Internet unter www.royal-canin.at oder beim ROYAL CANIN-Beratungsdienst für Tierernährung, Verhalten und Diätetik, der Ihnen unter fachtierärztlicher Leitung gerne zur Verfügung steht: Tel. 0810/207601 (zum Ortstarif), Mo bis Do, 15 h bis 19 h, E-Mail info@royal-canin.at.

Rechtliche Aspekte des Wanderns mit dem Hund

Während es früher vorwiegend die Aufgabe des Hundes war, Haus und Hof zu bewachen, ist er heute oft auch Begleiter des Menschen bei sportlichen Aktivitäten wie dem Wandern. Das ist sicherlich eine positive Entwicklung der Mensch-Hund-Beziehung, kann aber auch mehr Konfliktsituationen mit sich bringen. Wandern mit dem Hund ist rechtlich gesehen das Führen eines Hundes in der Öffentlichkeit. Damit sind Pflichten verbunden, die der Sicherheit der übrigen Wanderer und anderer Personen dienen (Tierhalterecht). Unabhängig davon gibt es Pflichten dem Hund gegenüber (Tierschutzrecht).
Gemäß § 12 Absatz 1 des Tierschutzgesetzes ist nur derjenige zur Haltung von Tieren berechtigt, der über die erforderlichen Kenntnisse und Fähigkeiten verfügt. Das Steiermärkische Landes-Sicherheitsgesetz (StLSG) verpflichtet – unabhängig von allfälligen Schäden – die Halter oder Verwahrer von Tieren ganz allgemein dazu, diese in einer Weise zu beaufsichtigen oder zu verwahren, dass dritte Personen weder gefährdet noch

unzumutbar belästigt werden (§ 3b Abs. 1 StLSG). Als unzumutbare Belästigung gilt auch das Anspringen durch Hunde („Spielen"). Ein Hund, der zum Wandern mitgenommen wird, muss so erzogen sein, dass er sich fremden Personen gegenüber zurückhaltend verhält.
An allen öffentlich zugänglichen Orten (z.B. öffentliche Straßen, Wanderwege, Wald, Almen usw.) gilt wahlweise Maulkorb- bzw. Leinenpflicht. Der Maulkorb muss so beschaffen sein, dass der Hund weder beißen noch den Maulkorb vom Kopf abstreifen kann. An der Leine ist der Hund so zu führen, dass eine jederzeitige Beherrschung gewährleistet ist (§ 3b Abs. 3 StLSG). Wer seinen Hund ohne Maulkorb bzw. Leine frei herumlaufen lässt, macht sich strafbar – egal, welche Folgen das freie Herumlaufen mit sich bringt. Es drohen Geldstrafen von bis zu EUR 2.000,-- (§ 4 Abs. 4 StLSG). Darüber hinaus befasst sich § 1320 ABGB mit der Verantwortung für Schäden durch Tiere, wobei auch die Vernachlässigung der Verwahrung thematisiert wird. Derjenige, der das Tier hält, ist verantwortlich, wenn er nicht beweist, dass er für die erfor-

derliche Verwahrung oder Beaufsichtigung gesorgt hatte. Die der Tierhalterhaftung nach § 1320 ABGB zugrunde liegende Tiergefahr besteht grundsätzlich darin, dass Tiere durch ihre von Trieben und Instinkten gelenkten Bewegungen, die nicht durch Vernunft kontrolliert werden, Schaden stiften können. Auch von gutmütigen Hunden können schon allein durch ihren Spieltrieb Gefahren für Menschen ausgehen, insbesondere, wenn es sich noch um junge, aber schon kräftige, schwere und mangels entsprechender Abrichtung noch verspielte Tiere handelt (OGH 26.08.2004, 6 Ob 104/04v).

Die Beaufsichtigung bei Wanderungen besteht darin, sicherzustellen, dass auch der angeleinte Hund der Aufsichtsperson gehorcht. Bei Leinenführung müssen auch die Gewichtsproportionen stimmen. Wer aus welchen Gründen immer (Alter, körperliche, psychische oder geistige Unfähigkeit) nicht in der Lage ist, einen an der Leine geführten Hund zu beherrschen, darf mit dem Hund nicht wandern gehen.

Gegen wildernde Hunde gibt es jagdrechtliche Vorschriften (§ 60 Stmk Jagdgesetz): Hunde, die abseits von Häusern, Wirt-

schaftsgebäuden, Herden und Wegen Wild jagend angetroffen werden, dürfen vom Jagdberechtigten oder vom beeideten Jagdschutzpersonal oder von mit schriftlicher Erlaubnis versehenen Jagdgästen getötet werden. In der Zeit vom 15. September bis 15. März jedoch nur bei konkreter Gefährdung des Wildes, insbesondere im Bereich von Fütterungsanlagen und Einstandsgebieten (§ 60 Abs. 1 Stmk Jagdgesetz). Hundebesitzer, die ihre Hunde im fremden Jagdgebiet wiederholt herumstreifen lassen, machen sich einer Übertretung schuldig (§ 60 Abs. 3 Stmk Jagdgesetz).

Ein besonderes Problem ist die Begegnung mit Weidetieren. Laut OGH besteht für den Weideviehhalter keine Verpflichtung, einen Weg, der durch eine Kuhweide führt, durch Zäune vom Weidegebiet abzugrenzen. Eine Abzäunung eines Weges auf einer Almweide ist weder üblich noch zumutbar. Sollten auf der Weide jedoch aggressive Tiere gehalten werden, sind sie gesondert zu verwahren, so dass sie sich dem Weg nicht nähern können (OGH 13.06.2002, 8 Ob 91/02v). Weiters hatte

sich der OGH am 28.06.2007 (3 Ob 110/07h) mit folgenden Sachverhalten zu befassen: Um auf einen Almwanderweg zu gelangen, mussten zwei Gatter geöffnet werden. Auf einem der Gatter war die Tafel angebracht „Achtung, Hunde an die Leine“. Eine Familie, bestehend aus zwei Erwachsenen und zwei Kleinkindern, hatte einen Wanderweg mit einem an der Leine geführten Labrador-Hund benutzt. Die Familie wurde von den Kühen angegriffen, wobei der Hund den Vorfall ausgelöst haben soll. Zwei Wochen später kam es zu einem neuerlichen ähnlichen Vorfall. Ein Wanderer wurde mit seinem angeleinten Labrador-Mischling von zehn Mutterkühen und einigen Kälbern eingekreist, angegriffen und dabei leicht verletzt. Einen Tag darauf öffnete ein Wanderer die Gatter und ging mit seinen beiden angeleinten Hunden (einer Labrador-Hündin und einem Wolfsspitz) auf die etwa 200 m von der Almhütte entfernt in der Nähe des Weges liegenden Kühe zu. Als die Kühe aufstanden, riss sich die Labrador-Hündin los und flüchtete. Die Kühe stießen den Wanderer zu Boden und attackierten ihn dort weiter. Er wurde schwer verletzt. Sein zweiter Hund verendete an den erlittenen Verletzungen. Der OGH entschied zu diesen Fällen, dass es Wanderern nicht bekannt sein muss, dass mitgeführte Hunde vom Weidevieh – insbesondere Mutterkü-

hen – als Bedrohung angesehen werden. Die Erlaubnis, den markierten Wanderweg mit angeleinten Hunden betreten zu dürfen, spricht sogar dagegen. Der Weideviehhalter hätte daher nach dem ersten Vorfall davon ausgehen müssen, dass seine Rinder auf Hunde aggressiv reagieren, insbesondere, weil es sich um Mutterkühe handelte, dieser Umstand den Wanderern nicht bekannt sein konnte und sie daher zu warnen waren, etwa durch den einfachen Schilderhinweis: „Achtung Mutterkühe, Mitführen von Hunden nur auf eigene Gefahr.“ Rein aus verfahrensrechtlichen Gründen hat sich der OGH nicht mit der Frage des Mitverschuldens seitens der Hundehalter beschäftigt. Mit einem solchen Mitverschuldenseinwand könnten Hundehalter aber in jedem Gerichtsverfahren konfrontiert werden.

Wer mit dem Hund einkehrt (Gasthaus, Gastgarten, Schutzhütte usw.), muss beachten, dass die bloße Anleinung eines Hundes (mit Aktionsradius) am Haus keine sorgfaltsgemäße Verwahrung ist. In öffentlichen Parkanlagen sind Hunde jedenfalls an der Leine zu führen (Maulkorb alleine genügt nicht). Ausgenommen sind Flächen, die als Hundewiesen gekennzeichnet und eingezäunt sind (§ 3b Abs. 4 StLSG).

Sämtliche Schäden durch Hundebisse (Sachschäden, Behandlungskosten, Schmerzengeld) haben die sorgfaltswidrig handelnden Hundehalter zu tragen. Wenn nicht feststellbar ist, von welchem Hund man gebissen worden ist, geht so ein Rechtsanspruch natürlich ins Leere. Eine Sonderregelung kennt aber das Epidemiegesetz für wutkranke Hunde: Die Be-

handlungskosten für von einem wutkranken oder wutverdächtigen Hund gebissene Personen müssen, wenn der Hundeeigentümer nicht zahlungsfähig oder nicht feststellbar ist, gemäß § 33a Epidemiegesetz zu einem Drittel von der Gemeinde, in deren Gebiet die Bissverletzung erfolgt ist, zu zwei Dritteln vom Bund getragen werden. (Soweit nicht ein Kranken- oder Unfallversicherungsträger aufzukommen hat.) Derartige Ersatzansprüche sind bei sonstigem Ausschluss binnen sechs Monaten nach Beendigung der Behandlung bei der Bezirksverwaltungsbehörde geltend zu machen.
Hundebisse ziehen auch strafrechtliche Konsequenzen für den sorgfaltswidrigen Hundehalter nach sich (Körperverletzungsdelikte gemäß §§ 83 ff. StGB). Aber auch ohne Biss kann es zu einer strafrechtlichen Verurteilung kommen: Wenn ein Hund einen Wanderer stellt und diesen nicht weitergehen lässt, könnte eine strafbare Freiheitsentziehung gemäß § 99 StGB vorliegen.
Das Um und Auf beim Wandern mit dem Hund ist somit aus rechtlicher Sicht die Beherrschung und Beaufsichtigung des Hundes durch den Wanderer. Ist dies gewährleistet, steht einem gemeinsamen Wandererlebnis von Mensch und Hund rechtlich nichts entgegen.

1-Pfote-Touren

1 Grambach (Raaba) Nord- West-Ring

Anfahrt

Aus Graz kommend über St. Peter und Raaba. Parkplatz entweder beim Bahnhof Raaba (Anreise auch mit der Schnellbahn Richtung Gleisdorf, Fehring möglich). Oder weiter bis Grambach. Parkplatz vor der Kapelle und dem Gemeindeamt.

Beschreibung

(Grambach – Wolfsgraben – Dürwagersbach – Grambach)
2 Stunden für die gesamte Runde. Wenn der Ausgangspunkt in Raaba liegt, noch rund **¾ Stunde** länger bis zum Bahnhof Raaba.
Beginn und Ausgangspunkt ist der Parkplatz vor dem Gemeindeamt bzw. der Kapelle in Grambach. Von dort Richtung Graz am Gehsteig 300 m entlang der Grambacher Hauptstraße bis zur Abzweigung „Im Wolfsgraben". Der Straße folgend, die sich nach 200 m teilt. Markierung GRS bzw. Nord-West-Ring in den Wolfsgraben. Am Bauhof Grambach vorbei zuerst auf Asphalt, sehr bald auf Schotterweg später durch Waldwege. Gut markiert entlang des Grambaches führt der Weg entlang von Fischteichen, teilt sich nach links bei einem Marterl und führt nach rund 2 km ansteigend durch den Wald auf den asphaltierten Weg nach Dürwagersbach. Entlang des Höhenweges auf der Höhenstraße und später der Forststraße durch Wald und Apfelplantagen wieder zurück zum Ausgangspunkt in Grambach oder zurück nach Raaba.

Charakter der Tour

Es gibt Tage, die sich für eine längere Tour bedingt durch instabile Wetterverhältnisse oder andere Umstände nicht eignen. Dann scheint plötzlich zu Mittag doch die Sonne, der Hund wird nach Tagen der Untätigkeit unruhig und man sucht nach nahe der Stadt liegenden Wanderalternativen. Eine solche

Wanderung ist der Rundweg in Grambach, der sich bis nach Raaba oder sogar Thondorf verlängern lässt.
Gleich vor den Toren der Stadt, Anreise über St. Peter, Raaba nach Grambach, gibt es eine parallel zur Südautobahn (Nebental) verlaufende Wanderung zuerst im Tal entlang des Grambaches, dann ansteigend auf Forststraßen auf den Höhenrücken als Runde wieder zurück nach Grambach oder Raaba. Man ist auch nicht unbedingt auf das Auto angewiesen, die S-Bahn-Verbindungen machen einen Ausflug mit der nach Gleisdorf – Fehring fahrenden Zugverbindung (Ausstieg ist die Station Raaba) möglich.
Rund die Hälfte der Wanderung erfolgt auf Asphaltstraßen, die aber wenig befahren sind, da nur Anrainerverkehr, die zweite Hälfte besteht aus Schotterwegen und Forst- und Waldwegen. Nach Regenfällen kann es entlang des Wolfsgrabens recht nass sein und gutes Schuhwerk ist trotz der Nähe zur Stadt empfehlenswert.
Entlang des Grambaches durch den Ortsteil Wolfsgraben führt der markierte Schotterweg lange Zeit völlig eben, vorbei an einigen Fischteichen, bis er sich dann an einer Waldlichtung zu einem Waldweg verengt, der durch den Buchenmischwald einmal stark nach rechts abzweigend auf die Gemeindestraße in den Ortsteil Dürwagersbach führt. Hier hat man Ausblick in die Hügel und Täler, die von intensivem Anbau von Obst in

Spalieranlagen geprägt sind, zumeist Äpfel, aber auch Pfirsiche und andere Sonderkulturen.

Vor allem der ebene Teil im Ortsteil Wolfsgraben wird sowohl von Sportlern, wie Mountainbikern oder Läufern, als auch von Familien mit Kindern frequentiert, auch Spaziergänger mit und ohne Hund sind sehr zahlreich, wodurch hier besondere Vorsicht mit dem Hund angezeigt ist. Wir haben auch die besondere Hinweistafel der Gemeinde (Der Bürgermeister) dokumentiert. Weidevieh ist kein Problem, entlang der Siedlungen gibt es natürlich in den Vorgärten Hunde, die entsprechend laute „Begrüßungsrituale" veranstalten.

Wasser ist, da die Wanderung lange Zeit entlang des Grambaches führt, kein Thema.

Wenn man sich die Wanderung entlang der Höhenstraße am Asphalt zurück ersparen möchte, ist ein Rückweg am Hinweg möglich. Auch ein Abstieg auf der Straße von Dürwagersbach nach Autal unter der Autobahn bei Pachern durch eine Unterführung ist möglich. Wenn man mit der S-Bahn unterwegs ist, kann man dann bei der Bahnstation Autal einsteigen. Von Dürwagersbach kann man entlang der Landesstraße auch den Steinberg entlang bis nach Laßnitzhöhe wandern und von dort mit dem Zug zurückfahren, das aber immer entlang der Straße und im Ortsgebiet auf Gehsteigen. Beide Varianten führen aber überwiegend auf Asphaltstraßen entlang.

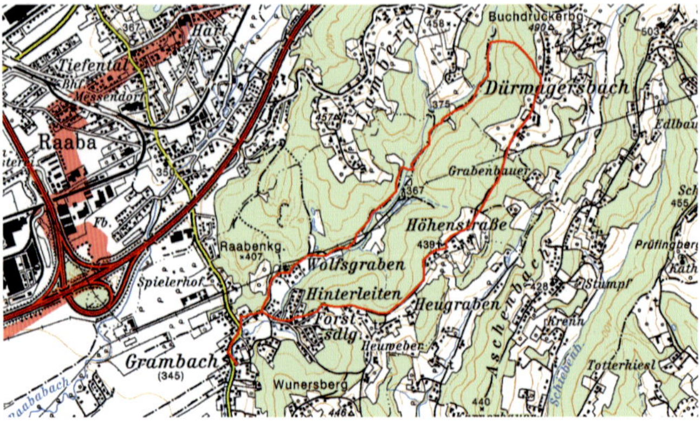

2 St. Nikolai – Demmerkogel – St. Nikolai

Anfahrt

Anfahrt über die A 9 bis Leibnitz und die B 74 durchs Sulmtal nach Kitzeck im Sausal. Parkplatz Weinmuseum in Kitzeck.

Beschreibung

(Kitzeck – Demmerkogel – Kitzeck) für die gesamte Runde ca. 16 km sind **5 Stunden** einzuplanen.

Variante ist der kürzere (ca. 10 km) lange Weg Nr. 8, der ebenfalls seinen Ausgangs- und Endpunkt beim Weinmuseum hat. Dabei wird der Demmerkogel mit der Aussichtswarte nicht erreicht.

Der **Rundweg** beginnt beim Weinmuseum in Kitzeck und ist als Sausaler Rundwanderweg Nr. 2 markiert. Hier beginnen und enden auch einige andere Rundwanderwege durch die Weinberge des Sausals. Der Weg teilt sich mehrmals in Varianten, führt immer wieder durch Weingärten, Wiesenwege und auf der Gemeindestraße steil abfallend talwärts zuerst in den Kroisgraben. Der Weg folgt dem Kroisgrabenbach, überquert diesen und steigt linker Hand an bis zur Kapelle in Altenberg. Weiter vorbei an Buschenschänken und Gasthäusern steil ansteigend zur Aussichtswarte auf den Demmerkogel (670 m). Vorbei am größten Klapotetz der Welt führt der Rundweg über Höch immer wieder durch Weingärten in einer großen Runde zum Ausgangspunkt in Kitzeck zurück.

Charakter der Tour

St. Nikolai im Sausal ist mit einer Seehöhe von 564 m Europas höchst gelegene Weinbaugemeinde. Gerade im Herbst zur Zeit der Wein- und Kastanienernte kann die Gegend entlang der Sausaler Weinstraße und dann vor allem an den Wochenenden sehr überlaufen sein. Die beschriebene Wanderung kann aber beinahe ganzjährig durchgeführt werden und besticht dann,

3 St. Martin – Buchkogel (Rudolfswarte) – Steinberg – St. Martin

Anfahrt

Anfahrt zum Schloss St. Martin über Straßgang. Parkplatz Nr. 3 oder der Parkplatz beim Schloss.

Beschreibung

(St. Martin – Buchkogel – Rudolfswarte – St. Johann und Paul – Steinberg – St. Martin) **2–3 Stunden** für die gesamte Runde. **Beginn und Ausgangspunkt** ist der Parkplatz beim Schloss St. Martin. Anstieg steil über die Asphaltstraße Richtung Norden. Nach 200 Metern Abzweigung. Der markierten Wege in Richtung Rudolfswarte am Buchkogel (659 m). Der Hauptweg ist als 406 markiert, die gelben Beschriftungen haben unterschiedliche Bezeichnungen 7c auf den Buchkogel zur Rudolfswarte.

Von dort entlang des Höhenrückens über Holzsteige und Forststraßen entlang des militärischen Sperrgebietes (kann auch am Wochenende Schießbetrieb sein) zur Kirche St. Johann und Paul mit dem gleichnamigen Gasthof, Kinderspielwiese. Über die Zufahrtsstraße bis zur ersten Kehre, von dort über den markierten Weg (Kernstockweg 2) bis zur Kreuzung mit der Steinbergstraße. Der Wanderweg führt parallel zur Steinbergstraße durch Wohngebiet über den Erdbergweg, den Neupauerweg, Am Ölberg und wieder den Neupauerweg bis zum Gelände der Landwirtschaftsschule Alt Grottenhof. Bei der Mostschänke zweigt der steil ansteigende Weg wieder ab und führt entlang des Bergrückens vorbei an den Belüftungsanlagen des Plabutschtunnels zurück zum Ausgangspunkt Schloss St. Martin.

Variante An der Steinbergstraße kann die Tour auf den Plabutsch verlängert werden bis nach Gösting.

Charakter der Tour

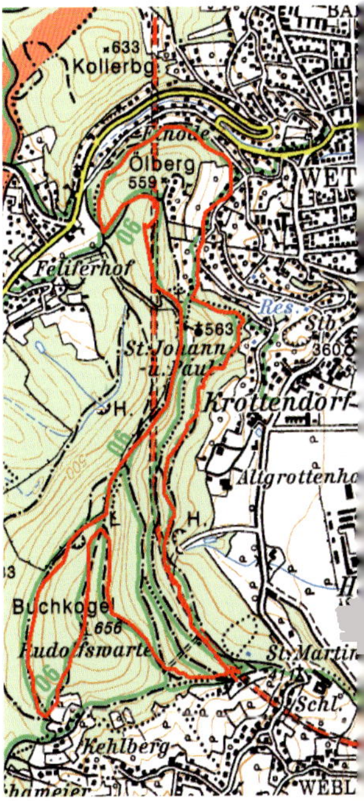

Praktisch noch mitten im Siedlungsgebiet der Stadt Graz gelegen, ist die Wanderung auf den Buchkogel und dann über den Steinberg eine recht abwechslungsreiche und steile Wanderung durch Buchenmischwald über Forststraßen und durch Siedlungsgebiet mit ständigen Ausblicken auf die Stadt Graz. Am Buchkogel befindet sich seit 1879 die zu Ehren von Kronprinz Rudolf errichtete Rudolfswarte, welche über eine Wendeltreppe bestiegen werden kann. Der Ausblick ist nur mehr nach Südosten in Richtung Graz uneingeschränkt möglich, der Hochwald verhindert eine Rundumsicht.

Da sowohl der Buchkogel als auch der benachbarte Plabutsch als Naherho-

lungsgebiet der Stadt Graz intensiv genutzt werden, von Spaziergehern über Familien mit Kindern bis zu Joggern und auch Reitern, ist ein Leinenzwang für Hunde vorgesehen. Im Sinne eines gedeihlichen Miteinanders aller Erholungssuchenden ist das eigentlich eine Selbstverständlichkeit.
Wie man den Karten oder dem Navigationsgerät entnehmen kann, führt der beschriebene Verlauf des Rundwanderweges genau über dem Plabutschtunnel, der besser bekannt ist durch den Verkehrsfunk und Verkehrsbehinderungen als durch Wanderungen.
Wasser ist auf dem ganzen Rundweg außer bei den Gasthäusern keines frei zugänglich, für 2 Stunden ist ein kleiner Trinkvorrat für den Hund angezeigt.
Zwischen der Rudolfswarte am Buchkogel und St. Johann und Paul führt der Wanderweg entlang des Zaunes des militärischen Sperrgebietes. Auch am Wochenende können hier vom Schießplatz her die Schüsse des Bundesheeres vernommen werden, was für Hunde nicht immer angenehm ist.
Eine fast das ganze Jahr über begehbare Rundwanderung, die natürlich auch bei anderen Ausgangspunkten wie z.B. in Alt Grottenhof oder am Steinberg begonnen werden kann. Auch die Anreise mit dem PKW zum Gasthof St. Johann und Paul ist möglich. Rund 2/3 des Rundkurses führen durch Buchenmischwald bzw. Forststraßen und Waldwege mit vielen Wurzeln, die bei Nässe sehr rutschig sein können. Die Steilstücke zwischen dem Buchkogel und St. Johann und Paul sind mit Holztreppen und Holzgeländer gesichert.
Durch das Siedlungsgebiet entlang der Südflanke des Buchkogels führt der Weg steil ansteigend und steil abfallend auf Asphaltstraßen.

4 Rechberg – Teichalm – Rechberg

Anreise

Über die S 35 bis Frohnleiten Süd, B 64 Rechberg-Bundesstraße bis zur Passhöhe. Parkplatz vor dem Gasthof Brandlhof.

Beschreibung

(Rechberg – Angerwirt (Teichalm) – Rechberg) Für die gesamte Wanderung **4–5 Stunden**.

Ausgangs- und Endpunkt ist der Parkplatz beim Gasthof Brandlhof am Rechberg (940 m). Man überquert die B 64, und der markierte Weg (04 für Mariazeller Wanderweg) führt vorbei an einem Bauernhof über Schotterstraßen durch Hochwald. Nach rund einer Stunde öffnet sich der Wald und man überquert die Straße von Nechnitz nach Tyrnau. Hier führt der Weg dann steil ansteigend durch den Wald entlang des Gschaidberges bis auf 1200 m bergauf in das Teichalmgebiet. Der Angerwirt bzw. der Teichwirt auf der Teichalm markieren den Wendepunkt der Wanderung. Rückweg wie Hinweg auf den Rechberg.

Charakter der Tour

Der Übergang vom Murtal über den Rechberg nach Weiz führt über einen 940 m hohen Sattel. Die Wanderung beginnt hier direkt am Übergang beim Parkplatz des Gasthofes Brandlhof. Überwiegend durch Wald schlängeln sich die Forststraßen in das Gebiet der Teichalm, das größte zusammenhängende Almgebiet Mitteleuropas. Der Weg über den Rechberg, über die Teichalm und die Sommeralm ist markiert als einer der Mariazeller Wege (04), die sternförmig aus allen Richtungen ins obersteirische Wallfahrtszentrum führen. Vom Rechberg sieht man die Nordseite des Schöckls im Hintergrund. Rechter Hand wandert der Blick nach Fladnitz und immer wieder sind auch die Berge des Murtals durch den Wald sichtbar.

Für den Hund ist diese fast ganzjährig begehbare Wanderung,

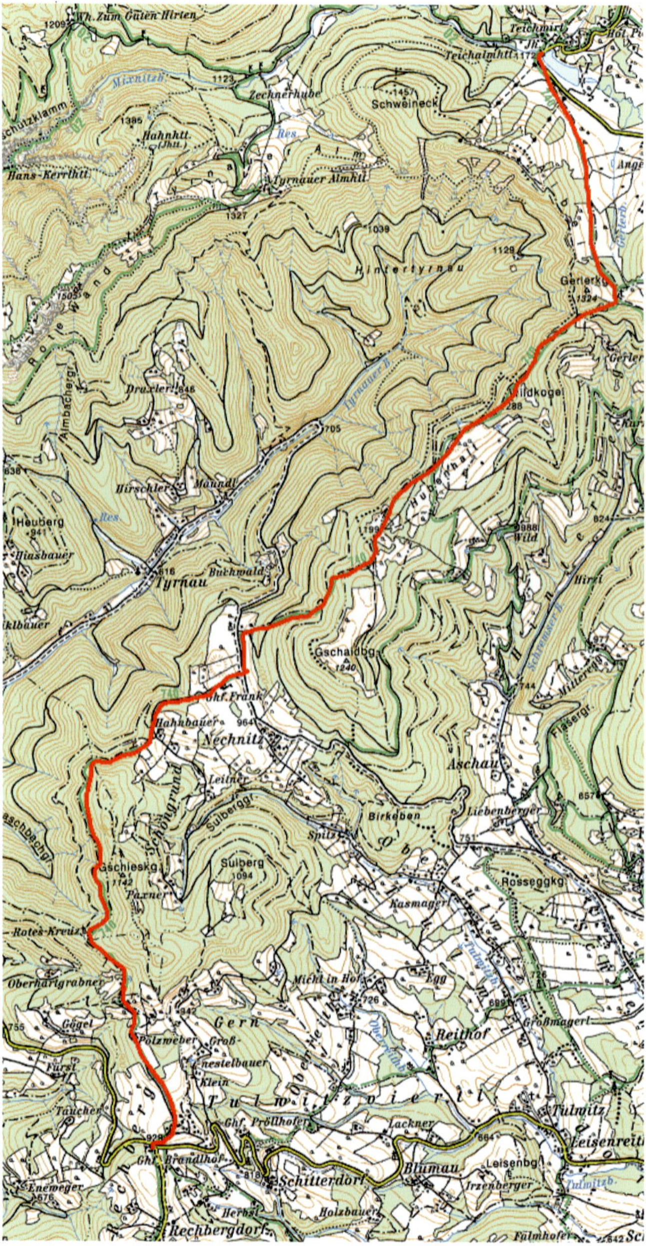

Wh. Zum Guten Hirten
Mixnitzb.
Zechnerhube
Schweineck
Teichalmhtt.
Teichwirt
Hahnhtt.
Hans-Kerrhtt.
Tyrnauer Almhtt.
Hintertyrnau
Gerlerkg
Rote Wand
Drazler
Almbachergr.
Tyrnauer B.
Hirschler
Maundl
Heuberg
Hiasbauer
Tyrnau
Buchwald
Gschaidbg
Hahnbauer
Nechnitz
Leitner
Sulberggr.
Sulberg
Birkeben
Aschau
Liebenberger
Schremser B.
Mitteregg
Rosseggkg
Gschieskg
Paxner
Rotes Kreuz
Oberhafgrabner
Gögel
Gern
Pölzweber
Kasmagerl
Micht in Hof
Egg
Reithof
Großmagerl
Fürst
Taucher
Ghf. Pröllhofer
Lackner
Tulmitz
Leisenreit
Ghf. Brandlhof
Schitterdorf
Blumau
Leisenbg
Irzenberger
Tulmitzb.
Herbst
Holzbauer
Rechbergdorf
Falmhofer

beginnend am Rechberg zuerst rund eine Stunde eher eben durch den Wald vorbei an einigen Pilgerkreuzen, ohne große Anstrengungen bewältigbar. Da diese Wanderung keine Rundwanderung ist, kann bei schlechter werdendem Wetter jederzeit abgebrochen und der Rückweg angetreten werden. Bei Nechnitz werden ein Hochtal und eine Straße überquert. Der Weg führt dann am gegenüberliegenden Hang gleich in einen steilen Waldanstieg auf den Gschaidberg in das Almgebiet der Teichalm, vorbei am Wildkogel und Gerlerkogel.
Hier und vor allem im Almgebiet der Teichalm ist in den Sommermonaten überall mit Weidevieh zu rechnen. Dieses grast zumeist in eingezäunten Weiden. Auf der Teichalm bewegen sich die Rinder und das Jungvieh jedoch praktisch ungehindert und frei. Vorsicht daher mit Hunden.
Wasser ist immer wieder am Wegrand und im Teichalmgebiet beim Teichwirt am See ausreichend vorhanden.
Eine gute Wanderung im Frühjahr oder später im Herbst, wenn das Weidevieh die Almen bereits verlassen hat.

5 Krakauebene Etrachsee

Anfahrt

Anfahrt über S 36 Murtalschnellstraße und Judenburg, B 96 in Scheifling nach Murau. Über Ranten nach Krakaudorf. Weiter Richtung Krakauebene, Parkplatz vor dem Hotel Stigenwirth. Oder gegenüber der Kirche beim Fremdenverkehrsbüro.

Beschreibung

(Krakauebene – Etrachsee – Krakauebene) **3 Stunden** für die gesamte Runde. Bei Umrundung des Etrachsees noch eine halbe Stunde länger.

Da die Anreise in die Steirische Krakau doch recht lange ist, haben wir mit dem Stigenwirth in Krakauebene (www.stigenwirth.at) einen Stützpunkt gefunden, der hundefreundlich Übernachtungen anbietet. Diese Wanderung ist nach einer längeren Anreise als Halbtagswanderung oder „Gewöhnungstour" zu sehen.

Ausgangs- und Endpunkt ist der Parkplatz vor dem Hotel Stigenwirth oder beim Infobüro des Fremdenverkehrsvereins (1305 m) gegenüber der Kirche in Krakauebene. Unter dem Hotel führt entlang des Hanges ein Wanderweg in Richtung Etrachsee. Man quert den Schilift und gelangt über einen Forstweg entlang des Etrachbaches, vorbei an mehreren Almhütten, den letzten Teil auf der Straße zum Etrachsee in 1374 m Seehöhe. Rückweg wie am Hinweg auf dem markierten Weg Nr. 789, oder über die Straße mit einem Abstecher zur sehenswerten St. Ulrichskapelle aus dem 15. Jahrhundert. Schlüssel ist beim Haus neben der Kirche erhältlich.

Variante Als Einstieg zu einer längeren Wanderung aufs Rupprechtseck – oder Sie kombinieren diese Tour mit der Tour Nr. 30 beschriebenen Wanderung aufs Bauleiteck. Dann verlängert sich die jeweilige Wanderung um **2–3 Stunden**, oder man nutzt im Sommer den Tälerbus, um sich zumindest den Rückweg zu ersparen.

Eine weitere Möglichkeit ist die Verlängerung der Wanderung auf die Rudolf-Schober-Hütte, wie in Tour Nr. 24 beschrieben. Für An- und Abstieg sind dann noch einmal **2 Stunden** zu veranschlagen.

Charakter der Tour

Die Anreise in die Steirische Krakau ist immer sehr weit, sodass sich am ersten Tag keine großen Touren mehr ausgehen. Der Hund fordert aber seinen Auslauf, und da bietet sich zum „Eingehen" eine gemütliche Wanderung gleich direkt vom Hotel Stigenwirth ausgehend zum Etrachsee an.

Über den Hang unter dem Hotel führt ein Zufahrtsweg zu einem Gehöft, bei dem der mit dem Hinweis „Etrachsee" markierte Wanderweg in Richtung Etrachsee nach Norden abzweigt. Man kreuzt die Schitrasse des Schiliftes auf einem Forstweg und sieht am gegenüberliegenden Hang die St. Ulrichskirche, eine gotische Kirche mit sehenswertem Flügelaltar und bemalten Holzdecken. Der Schlüssel zur Kirche ist beim Nebenhaus erhältlich. Ein lohnendes Ziel für den Rückweg.

Der Forstweg führt oberhalb des Etrachbaches parallel zum Hang nach Norden und quert den Etrachbach, um am Gegenanstieg in den Weg mit der Markierung 789 zu münden. Dieser

Wanderweg führt, vorbei an einigen bewirtschafteten Almen und Hütten, auf den letzten 2 km auf der Straße, zum Parkplatz des Etrachsees. Die im Sommer geöffnete Jausenstation bietet eine willkommene Rastmöglichkeit vor oder nach der Umrundung des 10 ha großen Etrachsees.

Da der Wanderweg entlang des Etrachbaches und rund um den Etrachsee überwiegend im Wald verläuft, ist kein Wasservorrat für den Vierbeiner notwendig. Zu beachten sind jedoch Wild und auf den bewirtschafteten Almen das Weidevieh.

Der Rückweg erfolgt am gleichen Weg, bei der Abzweigung nach Krakauhintermühlen kann man dem markierten Weg 789 hinaus zur Ulrichskirche folgen. Dann verlängert sich die Wanderung um rund eine Stunde.

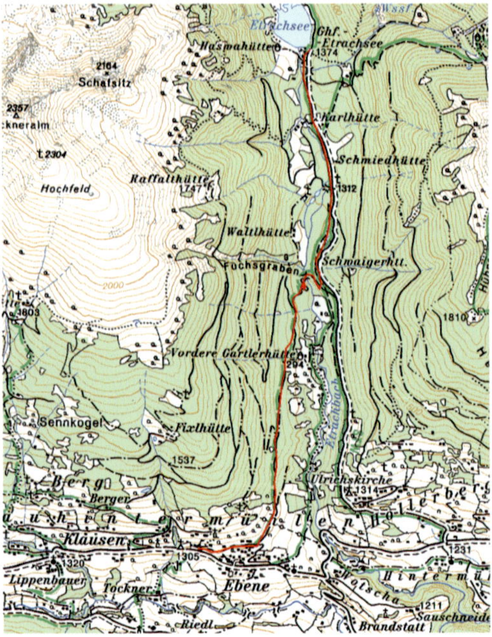

Bei der Karlhütte zweigt der Wanderweg auf das Rupprechtseck ab, ein Anstieg von drei Stunden, der ebenfalls mit dieser Tour kombiniert werden kann. Im Sommer verkehren in regelmäßigen Abständen Tälerbusse, welche den Rückweg bei längeren Wanderungen erleichtern, da man nicht in jedes Tal hinein- und später wieder hinauswandern muss. Informationen gibt es in unmittelbarer Nähe des Ausgangspunktes beim Informationsstand des Tourismusbüros und an der Rezeption des Hotels Stigenwirth.

6 Pöls – Falkenberg

Anfahrt

Über die Murtalschnellstraße S 36 bis St. Peter o. Judenburg, B 114 nach Pöls, Abzweigung ins Zentrum, nach 300 m Abbiegung nach rechts zum Friedhof. Parkplatz vor dem Friedhof.

Beschreibung

(Pöls – Spor – Falkenberg – Ruine Reifenstein – Pöls) Rundwanderung **2–3 Stunden**.

Ausgangs- und Endpunkt ist der Parkplatz am Friedhof in Pöls (798 m). Dominierend ist von dort bereits nach Norden in Richtung Pöls die Zellstofffabrik zu sehen und nach Süden der Falkenberg. Zuerst über die asphaltierte Zufahrtsstraße zum Gehöft „Sporn" und weiter auf dem markierten Wanderweg (6 14) entlang der Flanke des Falkenberges nach Osten. Der Wanderweg teilt sich einerseits in Richtung Thalheim (Nr. 14) und (Nr. 6) zur Ruine Reifenstein. Steil bergan bis zur höchsten Stelle des Falkenberges auf 1158 m und dann nach Norden auf einer Forststraße absteigend zur Ruine Reifenstein.

Einen kurzen Anstieg zurück auf den Forstweg und diesen nach Westen folgend, mit Blick auf die Zellstofffabrik zurück zum Ausgangspunkt beim Friedhof.

Variante Der Falkenberg bietet eine Vielzahl von Varianten, die nur z.T. markiert sind. Verlaufen kann man sich praktisch nicht, da immer wieder Ausblicke ins Mur- bzw. ins Pölstal eine leichte Orientierung ermöglichen. Der markierte Weg Nr. 14 führt nach Thalheim, von wo man entlang von Schloss Sauerbrunn und über den Pölshals wieder nach Pöls und zum Ausgangspunkt zurückkehren kann.

Charakter der Tour

Der Falkenberg teilt das Mur- und das Pölstal. Der Höhenrücken verläuft in Ost-West-Richtung und bietet eine Vielzahl ausgedehnter Wandermöglichkeiten mit tollen Ausblicken. Über das Murtal nach Süden sieht man den markanten Gipfel des Zirbitzkogels (Tour Nr. 17 und Tour Nr. 16) und der Rannach, nach Westen erkennt man die Windräder des Windparks im Lachtal (Tour Nr. 7) und den Gipfel des Hohen Zinkens. Nach Norden sieht man die Gaaler Höhe und dahinter die Berge der Seckauer Tauern.

Der Anstieg beginnt zuerst über eine Zufahrtsstraße zum Gehöft Sporn, die asphaltiert ist, wendet sich sehr bald nach Osten steil ansteigend auf einem Waldweg durch Wald entlang des Höhenrückens des Falkenberges. Mehrere Forststraßen werden gequert, und bei einer Weggabelung zweigt der markierte Weg in Richtung Ruine Reifenstein mit der Bezeichnung Nr. 6 durch einen steilen Hohlweg ab.

Pöls führt in seinem Wappen drei Ruinen bzw. Burgen, die erwähnte Ruine Reifenstein, die Offenburg und Schloss Sauerbrunn mit seinem bekannten Mineralwasser. Zwei dieser Burgen können bei einer Variante dieser Tour erwandert werden, wenn man hier dem Weg Nr. 14 folgt. Bei dieser Variante empfiehlt sich aber ein Beginn in umgekehrter Richtung zuerst über die Forststraße zur Ruine Reifenstein und über den Falkenberg nach Tahlheim zum Schloss Sauerbrunn.

Auf Waldwegen erreicht man den nicht markierten höchsten Punkt des Falkenberges mit 1158 m. Die weitere Runde führt nach Norden auf einen Forstweg zur Ruine Reifenstein. Diese verfallene Wehranlage beherrschte den Eingang des Pölstales und bietet heute einen tollen Ausblick auf das darunter liegende Betriebsgelände der Pölser Zellulose- und Papierfabrik. Der aufsteigende Wasserdampf und der charakteristische Geruch begleiten uns, bei entsprechender Wetterlage, auf der gesamten Wanderung. Zur Orientierung eignet sich der weithin sichtbare Wasserdampf recht gut.

Von der Ruine Reifenstein führt der Wanderweg einige Höhenmeter wieder am Forstweg zurück und dann entlang des Bergrückens nach Westen zum Ausgangspunkt der Rundwanderung. Der Blick reicht jetzt ins Pölstal, ins Lachtal und in die Niederen Tauern.

Die Wanderung ist durch die Vielzahl an Forstwegen am Falkenberg beliebig erweiterbar. Man kann die Wanderung bis nach Strettweg bei Judenburg über die Paig fortsetzen, oder

im Norden mit Blick auf den „Schlackenhaufen“ des aufgelassenen Bergbaubetriebes in Fohnsdorf bis nach Ritzersdorf.
Dieser „Zwischenberg“ zwischen den beiden Tälern der Flüsse Mur und Pöls bietet mit seinen steilen Anstiegen und langen Höhenwanderungen die Möglichkeit, mit dem Hund ausgedehnte Wanderungen zu unternehmen. Abwechslungsreich sind die verschiedenen Ausblicke, je nachdem, in welche Richtung man sich gerade bewegt.
Von den Einschränkungen für den Wanderer mit Hund nach unseren Symbolen ist nur mit Wild im Waldgebiet zu rechnen und an den Tallagen der Hänge mit Weidevieh.
Ein Wandergebiet, das kaum bekannt ist und in dem praktisch ganzjährig Wanderungen mit dem Hund möglich sind.

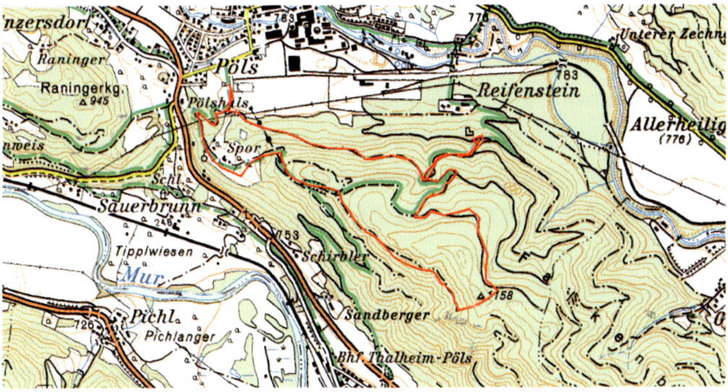

Die Klosterneuburgerhütte ist auch über eine kostenpflichte Mautstraße, Abzweigung 2 km nach Oberzeiring rechter Hand in Serpentinen den Hang hinauf erreichbar, wodurch eine Wanderung gegen den Uhrzeigersinn ebenfalls möglich ist.

Für Hunde eine angenehme und wenig beschwerliche Wanderung.

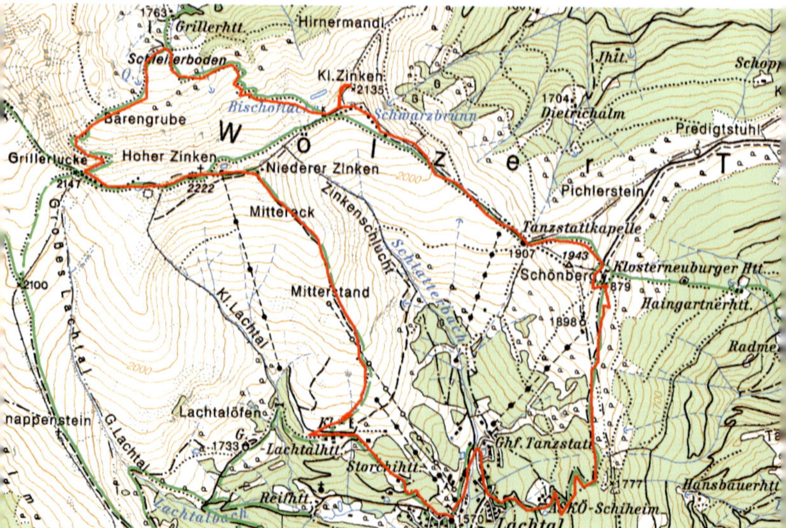

8 Klöcher Traminerweg

Anreise

Über die A 2 Ausfahrt Gleisdorf Süd, Feldbach, Gleichenberg, Richtung Klöch zum Parkplatz vor der Vinothek in Klöch. Oder über die A 9 und Bad Radkersburg von Süden her nach Klöch.

Beschreibung

(Klöch – Klöcherberg – Zaraberg – Klöch) Gehzeit für den gesamten Rundweg **2–3 Stunden**. Die Achterschleife dauert **4–5 Stunden**.

Ausgangs- und Endpunkt der Rundwanderung ist der Parkplatz vor der Klöcher Vinothek und dem daneben liegenden Weinbaumuseum (291 m). An der Seite der Vinothek vorbei führt eine Treppe auf den Einstieg des Klöcher Berges (markiert), übergehend in einen Waldweg, der immer wieder aufgelockert wird durch Ausblicke in die Weinberge.

Am Klöcherberg im Ortsteil Steindl zweigt der Weg von der Straße durch die Weinberge ab und führt in einen Mischwald mit Tümpeln und Teichen, den Zarawald.

Am Zaraberg dann führt eine „Heilige Stiege" steil über Treppen zum Wendepunkt der Wanderung hinab. Jetzt führt der Weg wieder entlang des Klöcher Berges durch Weinberge ansteigend vorbei an mehreren Buschenschänken wieder zurück nach Klöch.

Variante Man kann beim Ausgangs- und Endpunkt (Vinothek) eine zweite Rundwanderung in einer Achterschleife anschließen (Markierung 07) über die Burgruine Klöch nach Norden, vorbei an zwei Aussichtswarten. Bei der zweiten Aussichtswarte führt die Wanderung in einer Schleife wieder nach Süden durch Weinberge zurück zur Klöcher Vinothek.

Eine detaillierte Wanderkarte ist dort erhältlich.

Charakter der Tour

Eine klassische Ganzjahreswanderung für Hunde, die auch im Herbst und Winter Bewegung brauchen. Der Höhenunterschied ist nicht sehr ausgeprägt, obwohl uns mit dem Klöcher Berg und dem Zaraberg zwei topografisch „alpine" Begriffe bei der Rundwanderung begleiten. Sehr gut lässt sich die rund 2 bis 3 Stunden lange Tour mit einem Besuch einer Buschenschank oder einer der Thermen in Bad Radkersburg oder Gleichenberg verbinden – zumindest für einige Stunden, wenn der Hund im Auto bleiben kann. Möglich ist nach der Runde noch die Ersteigung der Burgruine in Klöch, eine der typischen Wehranlagen der Südoststeiermark.

Die Wanderung führt über Treppen und durch Buchen-Mischwald auf Waldwegen aufwärts auf den Klöcher Berg mit Rundblicken nach Straden, St. Anna a. Aigen und im Süden in die Murauen nach Bad Radkersburg. Die hügelige Landschaft der Südoststeiermark hat vor allem im Herbst ihren besonderen Reiz, wenn in den Niederungen noch die Nebelfelder liegen und die einzelnen Hügel (Berge) aus diesem Nebelmeer herausragen.

Dieser Rundweg beginnend in Klöch ist über weite Strecken identisch mit dem Klöcher Traminerweg, benannt nach der Weinspezialität, die hier an den Lösshängen der Südoststeiermark optimale Anbauverhältnisse vorfindet.

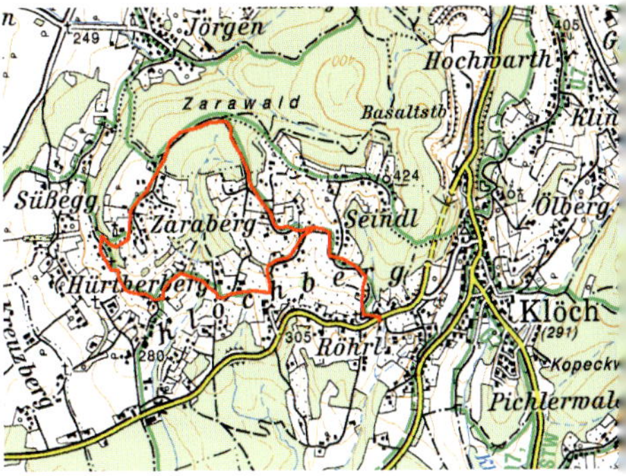

Durch Mischwald gelangen wir auf den Zaraberg, von dem die sogenannte „Heilige Stiege" steil talwärts führt, die gerade bei Regenwetter sehr glitschig sein kann.

Retour schlängelt sich der Weg durch den Wald vorbei an einem aufgelassenen Steinbruch entlang des Klöcher Berges in den Weinbauort Klöch.

Neben der Vinothek kann man auch das hiesige Weinbaumuseum (bis November geöffnet) besichtigen bzw. die erwähnte Burgruine im Ort ersteigen.

Hochsaison herrscht, wie auf vielen Wanderungen in den Weinbaugebieten, im September/Oktober, obwohl die Wanderung ganzjährig möglich ist und gerade in den Blütezeiten im Frühjahr ganz andere Reize hat als zur Erntezeit.

Für Hunde ein ausgedehnter Spaziergang, empfehlenswert außerhalb der klassischen Wandersaison oder wenn die Wetterverhältnisse längere Touren nicht erlauben. Diese Wanderung lässt sich in einer Achterschleife nach Norden über zwei Aussichtswarten und die Burgruine Klöch zu einer längeren Tour ausbauen.

9 St. Anna a. Aigen
Weinweg der Sinne

Anreise

Über die A 2, Abfahrt Gleisdorf Süd, Richtung Feldbach, Gleichenberg, St. Anna a. Aigen. Start der markierten Tour neben der Kirche bei der Vinothek.

Beschreibung

(St. Anna a. Aigen – Schemming – Gießelsdorfberg Aussichtswarte – St. Anna a. Aigen).

Lange Variante rund **5 Stunden**, kann bei der Hälfte der Schleife auch auf **2 ½ Stunden** verkürzt werden.

Ausgangs- und Endpunkt ist die Vinothek in St. Anna a. Aigen (403 m), von der aus der mit Flaschen markierte Weg zwischen den Häusern durch, am Sport- und Tennisplatz vorbei durch den Wald auf den gegenüberliegenden Hang in den Ortsteil Schemming führt. Dem markierten Weg durch die Weinberge folgend, führt der Weg durch Buchenwald mit sehr schön angelegten Basalttreppen, die seit alters her einen viel begangenen Weg kennzeichnen.

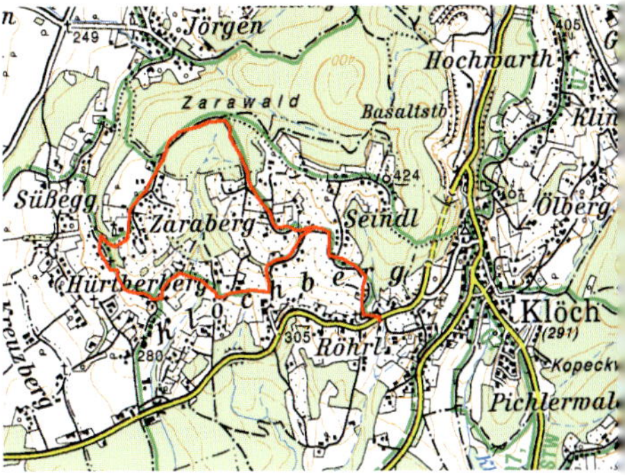

Dieser Rundweg beginnend in Klöch ist über weite Strecken identisch mit dem Klöcher Traminerweg, benannt nach der Weinspezialität, die hier an den Lösshängen der Südoststeiermark optimale Anbauverhältnisse vorfindet.
Durch Mischwald gelangen wir auf den Zaraberg, von dem die sogenannte „Heilige Stiege" steil talwärts führt, die gerade bei Regenwetter sehr glitschig sein kann.
Retour schlängelt sich der Weg durch den Wald vorbei an einem aufgelassenen Steinbruch entlang des Klöcher Berges in den Weinbauort Klöch.
Neben der Vinothek kann man auch das hiesige Weinbaumuseum (bis November geöffnet) besichtigen bzw. die erwähnte Burgruine im Ort ersteigen.
Hochsaison herrscht, wie auf vielen Wanderungen in den Weinbaugebieten, im September/Oktober, obwohl die Wanderung ganzjährig möglich ist und gerade in den Blütezeiten im Frühjahr ganz andere Reize hat als zur Erntezeit.
Für Hunde ein ausgedehnter Spaziergang, empfehlenswert außerhalb der klassischen Wandersaison oder wenn die Wetterverhältnisse längere Touren nicht erlauben. Diese Wanderung lässt sich in einer Achterschleife nach Norden über zwei Aussichtswarten und die Burgruine Klöch zu einer längeren Tour ausbauen.

9 St. Anna a. Aigen
Weinweg der Sinne

Anreise
Über die A 2, Abfahrt Gleisdorf Süd, Richtung Feldbach, Gleichenberg, St. Anna a. Aigen. Start der markierten Tour neben der Kirche bei der Vinothek.

Beschreibung
(St. Anna a. Aigen – Schemming – Gießelsdorfberg Aussichtswarte – St. Anna a. Aigen).
Lange Variante rund **5 Stunden**, kann bei der Hälfte der Schleife auch auf **2 ½ Stunden** verkürzt werden.
Ausgangs- und Endpunkt ist die Vinothek in St. Anna a. Aigen (403 m), von der aus der mit Flaschen markierte Weg zwischen den Häusern durch, am Sport- und Tennisplatz vorbei durch den Wald auf den gegenüberliegenden Hang in den Ortsteil Schemming führt. Dem markierten Weg durch die Weinberge folgend, führt der Weg durch Buchenwald mit sehr schön angelegten Basalttreppen, die seit alters her einen viel begangenen Weg kennzeichnen.

Anschließend teilt sich der Weg in die Langvariante über Gießelsdorf und die dort befindliche Aussichtswarte oder die kürzere Strecke zurück durch Weingärten und über eine Holzkonstruktion in den Weinhängen und die Klöcher Weinstraße querend durch die Ried Annaberg über Treppen wieder zurück zum Ausgangspunkt bei der Vinothek.
Variante Die längere Runde führt zur Gießelsdorfer Aussichtswarte (479 m) (geöffnet nur in den Sommermonaten) in einer Schleife durch Weinhänge und vorbei an Buschenschanken wieder zurück nach St. Anna a. Aigen, wo der Weg sich kurz vor dem Ort wieder mit der kurzen Runde vereinigt.

Charakter der Tour

St. Anna a. Aigen ist ein uraltes Wein- und Wallfahrtszentrum im Südosten der Steiermark. Vom Ausgangspunkt der Vinothek, gleich neben der das Ortsbild dominierenden Kirche, die sich nach der Wanderung herrlich für einen Streifzug durch die Produkte der Region eignet, hat man einen fantastischen Ausblick nach Süden zum Klöcher Berg, eine ebenfalls lohnende Ganzjahreswanderung, nach Südosten ins Dreiländereck Steiermark, Slowenien, Ungarn mit dem bekannten Grenzstein, der nach der Grenzziehung durch die Pariser Vororteverträge hier aufgestellt wurde.
Jahrhundertelang war diese Grenzregion nach Südosten gekennzeichnet durch Einfälle von kriegerischen Heerscharen. Geprägt ist die Landschaft daher durch die Burganlagen (Riegersburg, Kapfenstein, Klöch) und Wehrkirchen auf den Erhebungen des Südoststeirischen Hügellandes (Straden, St. Anna a. Aigen).
Heute ist die Gegend besser bekannt durch die Erzeugnisse des Weinbaus, wie den Traminer aus Klöch und die Weine aus St. Anna a. Aigen, durch die seit nunmehr zehn Jahren ein „Weinweg der Sinne“ mit zwei verschieden langen Varianten führt. Besonders originell ist die Beschilderung des Weges durch Weinflaschen, und am Weg werden die Erzeugnisse der

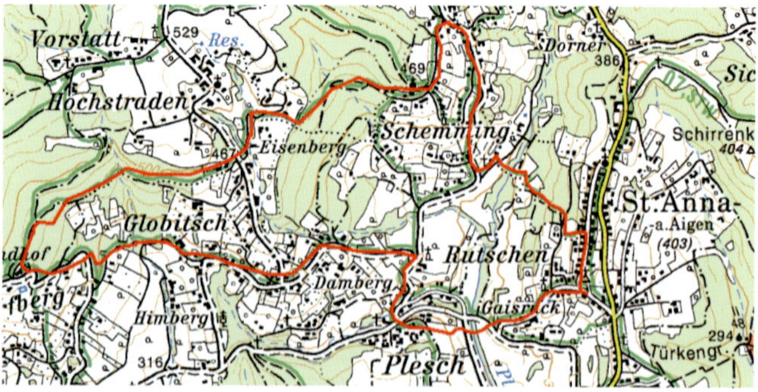

Winzer auch gleich in einigen Buschenschänken angeboten. Vorsicht, wenn man noch den Heimweg vor sich hat, kann das übermäßige Einkehren und Stärken leicht ins Gegenteil umschlagen.

Die längere Schleife des „Weinwegs der Sinne“ führt zu einer Aussichtswarte am Gießelsdorfberg und dann am gegenüberliegenden Hügel wieder zurück durch Weingärten nach St. Anna.

Für Hunde ist die rund fünfstündige Rundwanderung, da kaum Höhenunterschiede zu überwinden sind, ein ausgedehnter Spaziergang, Wasser ist verfügbar und die Runde kann als Ganzjahreswanderung bezeichnet werden. Der Ausgangspunkt liegt auf rund 400 m Seehöhe und die höchsten Erhebungen liegen bei 470 Höhenmetern, auch wenn einige Gräben und Gegenanstiege zu überwinden sind.

10 Packer Stausee

Anfahrt

Anfahrt über die A 2 Ausfahrt Packsattel oder Modriach. Weiter bis zum Ort Pack. Parkplatz im Ort. Wenn man nur die Umrundung des Stausees machen möchte, weiter in Richtung Stausee und Parkplatz beim Campingplatz.

Beschreibung

(Pack – Packer Stausee – Umrundung – Pack) **3–4 Stunden** für die gesamte Runde.

Ausgangspunkt ist der Ort Pack (1116 m), der die Grenze zwischen der Steiermark und Kärnten bildet. Entlang der markierten Wege 1, 6, 7 über den Pöschjoglkogl (1050 m) zum Seewirt bei der Talsperre (976 m) des Packer Stausees. Von hier entweder über die Staumauer zum Talschaftsmuseums auf der alten Packer Bundesstraße entlang um den See. Abzweigung nach rechts entlang der Fischzucht durch Wald entlang des Ufers auf einem Forstweg bis zum Zufluss des Packer Stausees. Hier zweigt die Anbindung des Weitwanderweges 05 A ab und man wandert durch den Wald hinauf auf einem Forst-

weg, unter der Autobahn durch, auf den Packsattel wieder zurück zum Ausgangspunkt nach Pack.
Variante Man kann die Tour auch verkürzen und sich den doch fast 2 km langen Marsch auf der ehemaligen Packer Bundesstraße, die sehr schmal ist, ersparen, indem man beim Seewirt gleich nach rechts abzweigt und beim Campingplatz vorbei in den Weg (Anschluss Weitwanderweg 05 A) nach Pack hinauf einsteigt.

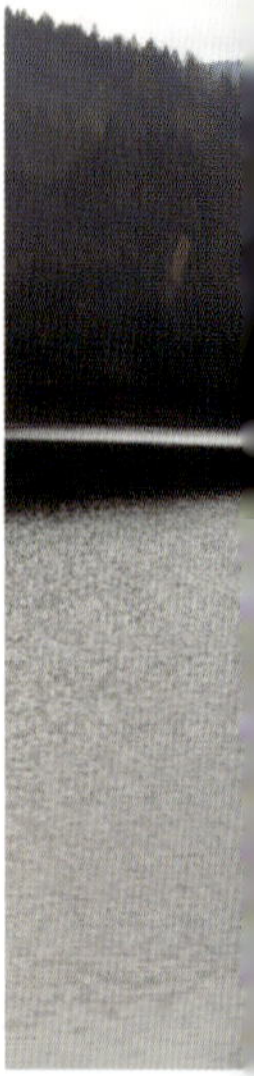

Charakter der Tour

Der Packer Stausee ist heute ein Naherholungszentrum und ein gelungenes Beispiel einer Symbiose von Energiegewinnung und touristischer Nutzung. Das Gebiet ist aber auch Naturschutzgebiet und zeigt, dass es nicht immer einen Widerspruch zwischen wirtschaftlichen Interessen der Stromindustrie und Natur geben muss. Leider ist praktisch der gesamte Uferbereich mit Ausnahme der Gastwirtschaften Privatbesitz, ein Zugang zum See daher nur an den gekennzeichneten Stellen möglich. In den kleinen Grund-

stücken gibt es auch eine Vielzahl von vierbeinigen Wächtern, die ihr jeweiliges Territorium lautstark verteidigen.
Die Umrundung des Packer Stausees und der Anstieg nach Pack ist das ganze Jahr möglich, rund um den See sind drei Viertel der Strecke asphaltiert, ein Drittel Forstwege. Der Anstieg nach Pack erfolgt auf einem Waldweg. Die ehemalige Packer Bundesstraße ist sehr eng, man kann sich kaum vorstellen, dass hier der gesamte Verkehr zwischen Graz und Kärnten durchgerollt ist, bevor die A 2 gebaut wurde. Diese Strecke entlang der Nordseite des Sees ist sehr schmal, ohne getrennten Gehweg und für Hunde eher weniger geeignet. Empfehlenswerter ist der Weg beim Seewirt beginnend entlang des Campingplatzes zurück über den Forstweg hinauf über den Packsattel nach Pack. Man kann auch das Museum bei der Staumauer in unmittelbarer Nähe des Seewirts besichtigen.
Wasser ist für den Hund reichlich vorhanden, der Zugang zum Stausee aber nur eingeschränkt und an den gekennzeichneten Stellen möglich. Weidevieh ist nicht zu erwarten, bei den vielen Privatgrundstücken melden aber viele vierbeinige Verteidiger das Kommen der Artgenossen.

Eine Rundwanderung, knapp eine Autostunde von Graz entfernt, oder wenn man kurz von der A 2 abzweigt, die man am besten unter der Woche oder außerhalb der touristischen Hochsaison machen sollte, dann ist auch das Verkehrsaufkommen auf der Bundesstraße geringer.

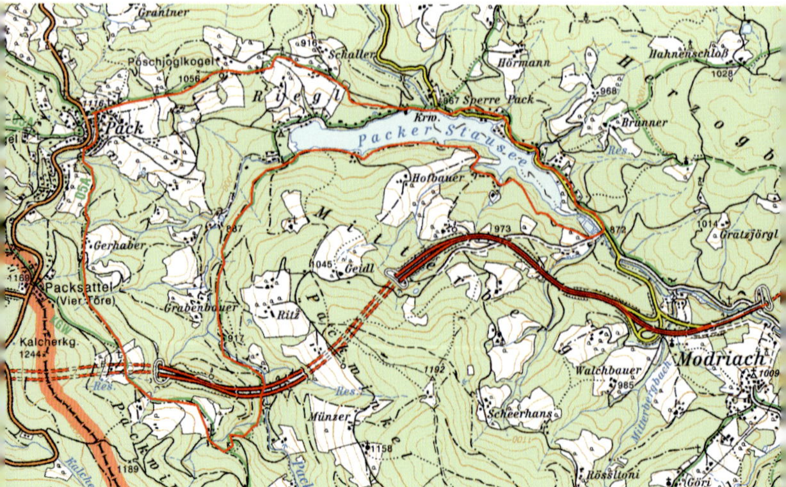

11 Gaberl – Altes Almhaus – Salzstieglhaus

Anreise

Über die A 2, Köflach B 77 Gaberl Bundesstraße bis zur Passhöhe. Dort links auf den großen Parkplatz oberhalb des Schilifts.

Eine Variante ist, noch rund einen Kilometer ins Murtal bis zur Abzweigung zum Stüblergut zu fahren und den Anstieg von dort über die Römerstraße zum Alten Almhaus zu beginnen.

Die dritte Variante ist die Anreise über Köflach und Maria Lankowitz aufs Alte Almhaus, eine enge und kurvige Straße, die aber auch im Winter durch den Schilift zumindest bis zum Parkplatz des Schilifts geöffnet ist.

Beschreibung

(Gaberl – Altes Almhaus – Rappoldkogel – Salzstiegl – Gaberl)

4 Stunden ohne Rappoldkogel, **1 Stunde** mehr bei Besteigung des Rappoldkogels.

Ausgangs- und Endpunkt ist der Parkplatz am Gaberl (1549 m) oder die Variante vom Stüblergut (1380 m) über den alten Römerweg zum Alten Almhaus (1640 m). Die ruhigere Variante ist der Anstieg übers Stüblergut.

Vom Gaberl auf einem breiten Forstweg vorbei an einem Windrad mit leichten Anstiegen, die im Winter als Rodelbahn genutzt werden, zum Alten Almhaus (**¾ Stunde**). Vor dem Alten Almhaus führt der Weg in Richtung Westen (Markierung 505) und teilt sich nach einem kurzen Abstieg. Hier führt der Weg durch den Wald auf den Rappoldkogel (1928 m) (**1 Stunde** länger). Der Hauptweg führt durch den Wald auf einem breiten Forstweg und über Almwiesen bis zum Salzstieglhaus (1543 m). Das Gasthaus wird im Winter auch von den Schifahrern am Salzstiegl besucht.

Rückweg wie Hinweg, oder **Variante** über das Stüblergut. Dann ist noch ein Anstieg zum Parkplatz am Gaberl notwendig.

Charakter der Tour

Der Übergang von der Weststeiermark in das Murtal über das Gaberl hat durch den Ausbau der Murtalschnellstraße, den Gleinalmtunnel und die A 2 im Süden als Verkehrsübergang an Bedeutung verloren. Heute wird das Gaberl als Ausgangspunkt für ganzjährige Wanderungen, zum Schifahren und Langlaufen als Naherholungsgebiet der Grazer frequentiert. Die Wanderung vom Gaberl über das Alte Almhaus vorbei an der Römerstraße über das Stüblergut ist ein seit Jahrtausenden genutzter Passübergang, der ganzjährig wanderbar ist. Wenn Sie vom Stüblergut aufgestiegen sind, treffen die beiden Wege hier wieder zusammen. Eine parallel zum vor allem von Schlittenfahrern mit Kindern genutzten Weg zum Alten Almhaus angelegte Loipe führt auch bis zum Salzstieglhaus. Wenn Sie die Loipe mit dem Hund nutzen, achten Sie darauf, dass Hunde die mühsam gespurte Loipe nicht zerstören. Bei schönem Wetter ist der Weg, zumindest bis zum Alten Almhaus, eine „Autobahn", auf der laufend mit „Hundekontakt" und vielen Kleinkindern zu rechnen ist. Ab dem Alten Almhaus wird die Anzahl der Wanderer weniger. Nach Westen sieht man nach Aichfeld-Murboden und zum beherrschenden Rappoldkogel (1928 m).

Auf dem Höhenweg vom Alten Almhaus folgt der markierte Weg dem Geländeverlauf und führt nach rund einer halben Stunde kurz bergab. Hier teilt sich der Weg, der Hauptweg führt durch den Wald auf einer Forststraße leicht fallend bis zum Ziel der Wanderung am Salzstiegl mit dem einladenden Salzstieglgasthaus. Da der Weg wieder gleich zurückführt, ist die Besteigung des Rappoldkogels eine willkommene, nicht allzu anstrengende Variante am Hin- oder Rückweg.

Der zweite Weg (rund 1 Stunde) führt auf den Rappoldkogel – mit schönen Ausblicken nach Aichfeld-Murboden und zu den Seckauer Alpen – und von dort durch die Südflanke recht steil und felsig wieder auf den Hauptweg zum Salzstiegl.

Für Hunde eine ganzjährig mögliche Wanderung, die eine willkommene Abwechslung zum „Gassigehen" in der kalten Jahreszeit bietet. Als eine der ersten Touren im Frühjahr, auch mit Langlaufschiern oder Schneeschuhen, nutzen wir diese rund vier Stunden lange Wanderung, um die Bergschuhe einzulaufen oder die Langlaufschuhe noch einmal zu belasten.

12 Triebental – Triebner Törl – Sonntagskogel – Triebental

Anfahrt

Anfahrt über A 9 bis Trieben und von hier Richtung Hohentauern bis zur Abzweigung Brodjäger und von dort ins Triebental, bis zum Zusammenfluss von Bärenbach und Triebenbach. Oder beim Parkplatz Gasthof Braun.

Beschreibung

(Triebental – Triebner Törl – Sonntagskogel – Triebenkogel – Triebener Hütte – Triebental) **4–5 Stunden** für die gesamte Runde. Über den Geirkogel **1–2 Stunden** länger.

Beginn und Ausgangspunkt ist der Parkplatz im Triebental bei dem Zusammenfluss des Bärenbaches mit dem Triebenbach oder einige hundert Meter vorher beim Gasthof Braun.

Anstieg auf dem markierten Weg in rund **1½ Stunden** vorbei an der Triebener Hütte zum Triebner Törl (1905 m). Anstieg rechter Hand über einige kleinere Vorgipfel in einer weiteren Stunde über Hochalmen zum Sonntagskogel (2239 m). Rund 50 Höhenmeter unter dem Gipfel befindet sich eine ausgesetzte Stelle, die mit dem Hund entlang der Bergflanke umgangen werden kann. Über die Südflanke auf den Gipfel ohne Gipfelkreuz. Von hier gut sichtbar die Runde über das Weingrubertörl und den Rundkamm wieder hinunter zur Triebener Hütte und zurück ins Triebental.

Variante Eine Verlängerung der Runde ist möglich über den steilen Anstieg auf den Geierkogel (2231 m) und rechter Hand über das Wirtstörl und die Kälberhütte wieder zurück ins Triebental bis zum Gasthof Braun und/oder taleinwärts zum Ausgangspunkt zurück.

Charakter der Tour

Der Große Grießstein und der Sonntagskogel bilden die beiden markanten Gipfel, welche vom Triebner Törl erstiegen werden können. Der Übergang vom Pölstal ins Triebental bietet aber auch die Möglichkeit einer lohnenden Rundwanderung vom Triebental über das Triebner Törl auf den Sonntagskogel, weiter über den Geierkogel und das Wirtstörl wieder zurück ins Triebental. Aber auch eine Überschreitung ins Bärntal (Tour 23) oder die Besteigung des Großen Grießsteins sind vom Triebental aus möglich. Dabei decken sich jedoch Anstieg und Abstieg.
Der Anstieg vom Triebental in Richtung Triebner Törl führt durch Weidegebiet rund um die Triebener Hütte, entlang von Wasser durch Latschenfelder und mit dem Blick auf die beiden Gipfel auf den Sattel des Triebner Törls.

Hier auf mehr als 1900 Metern Höhe folgt der gut markierte Weg der Bergflanke in Richtung Südwesten. Der Gipfel des Sonntagskogels ist erst nach einem Vorgipfel als markanter Pfeiler erkennbar. Die letzten 50 Höhenmeter bilden die Schlüsselstelle der Tour und sind mit dem Hund nur schwer entlang des markierten Weges begehbar. Diese kleine „Klettereinlage“ lässt sich aber leicht umgehen, indem man der Bergflanke entlang um den Gipfel herum wandert und den sanfteren Anstieg vom Südwesten her nimmt. Trotz seiner recht beachtlichen Höhe vom 2239 m befindet sich am Gipfel des Sonntagskogels kein Gipfelkreuz, nur eine Box mit einem Gipfelbuch und den obligatorischen Stempeln.
Schon am Triebner Törl hat man einen tollen Ausblick nach Norden in die Admonter Berge und in das Gesäuse, vom Sonntagskogel sieht man nach Westen zum höchsten Gipfel des

Bezirkes Judenburg, dem Großen Pösenstein mit dem vorgelagerten Hengst.
Die Rundwanderung ist von hier oben genau zu erkennen, entweder über das Weingrubertörl wieder zur Triebener Hütte zurück ins Triebental oder als Höhenwanderung mit einem weiteren Gipfeln, dem Geierkogel, und dem Wirtstörl zurück ins Triebental. Für Wanderer mit Hund eine schöne, ausgedehnte Höhenwanderung, mit einer Schlüsselstelle knapp unter dem Gipfel des Sonntagskogels. Weidevieh ist nur bis zum Triebnertörl zu beachten – sowie die jagdlichen Einschränkungen im Herbst und auch im Winter.
Der Sonntagskogel wird zumeist als Anstieg durch das Bärntal über die Franzlbauernhütte als Schitour geschätzt, durch die eher höheren Schneelagen im Hochwinter ist er für Hunde als Begleiter bei einer Schitour nur bedingt geeignet.

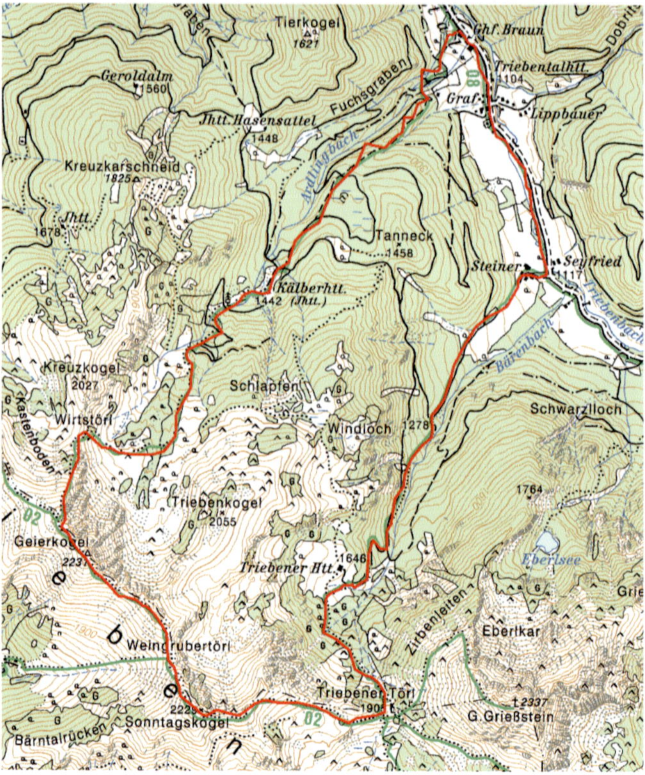
Tierkogel
1621
Geroldalm
1560
Jhtt. Hasensattel
1448
Fuchsgraben
Ghf. Braun
Triebentalhtt.
1104
Graf
Lippbauer
Kreuzkarschneid
1825
Jhtt.
1678
Arlingbach
Tanneck
1458
Steiner
Seyfried
1117
Triebenbach
Kälberhtt.
1442 (Jhtt.)
Bärenbach
Kreuzkogel
2027
Schlapfen
Kastenboden
Wirtstörl
Windloch
1278
Schwarzlloch
Triebenkogel
2055
1764
02
Geierkogel
Triebener Htt.
1646
Eberlsee
Zirbenleiten
Eberlkar
Weingrubertörl
Triebener Törl
1901
2337
G. Grießstein
Sonntagskogel
Bärntalrücken

13 Hohe Veitsch

Anreise
Über die S 6 Semmeringschnellstraße bis Abfahrt Mitterdorf, nach Veitsch und ins Groß-Veitschtal bis zum Parkplatz Radwirt in Richtung der Schilifte bei der Brunnalm.

Beschreibung
(Radwirt – Schalleralm – Graf-Meran-Haus – Hohe Veitsch – Radwirt) Gesamte Runde **4–5 Stunden**.
Ausgangs- und Endpunkt dieser Rundwanderung ist der Parkplatz beim Radwirt. Rund 1 km der Asphaltstraße folgend, dann zweigt linker Hand von der Straße, die zum Schilift führt, ein markierter Weg (406) durch den Schallergraben zur Schalleralm ab. Zuerst durch den Wald ansteigend werden Forstwege gequert. Später durch Hochwald bis zum Schallerbach, der zur Schalleralm führt.
Von hier rechter Hand zur Bergstation des Schlepplifts und von dort in Serpentinen (7 Kehren) auf einem Weg durch die Südflanke vorbei an der Kopfstation der Materialseilbahn in eine Hochebene zum Graf-Meran-Haus (1836 m). Von dort noch ca **½ Stunde** Aufstieg über die Hochebene zum Gipfel der Hohen Veitsch (1981 m).
Auf der Hochfläche führen verschieden lange Wege in einer Runde wieder zum Graf-Meran-Haus zurück und zum Abstieg wie am Aufstieg. Möglich ist auch der Abstieg über den markierten Weg (405), den sogenannten Teufelssteig zur Rotsohl-Alm und von dort über den Weg (406) wieder zurück zur Schalleralm.
Variante Weiter Richtung Norden und Abstieg durch den steilen markierten Weg zur Sohlenalm (1352 m) und von dort über das Niederalpl (1224 m) am markierten Weg (406) über die Rotsohl und das Nikolokreuz wieder zurück zur Schalleralm. (gute **3 Stunden** länger). Diese Variante erfordert Kartenmaterial, um sich nicht im Gewirr der Forststraßen zu verlaufen.

Charakter der Tour

Zwar ist die Hohe Veitsch mit ihren nur knapp 2000 Metern kein großer Gipfel, der lange, schattenlose Anstieg von der Schalleralm über die Südflanke kann die Wanderung aber zu einer schweißtreibenden Angelegenheit machen.

Bis zur Schalleralm gibt es entlang des Baches genügend Wasser. Der Anstieg durch den Schallergraben führt durch herrlichen Hochwald und vor der Schalleralm an der Baumgrenze mehrmals über und durch den Bach. Sowohl das Gebiet um die Schalleralm hinauf durch die Flanke der Hohen Veitsch als auch die Hochfläche ab dem Graf-Meran-Haus sind im Sommer intensives Weidegebiet, was gerade beim Auf- und Abstieg über den schmalen Steig mit Hunden zu beachten ist. Ab der Schalleralm gibt es auch keinen Schatten und kein Wasser mehr, dieses muss teuer am Graf-Meran-Haus gekauft werden. Entsprechende Vorräte sind daher zu empfehlen.

Der Gipfel der Hohen Veitsch bietet eine Rundsicht gegen Westen zum Hochschwab, nach Norden übers Niederalp Richtung Mariazell und nach Süden auf die Fischbacher Alpen. Achtung: direkt beim Gipfel fällt ein steiler Grad Richtung Westen ab, wie überhaupt die Süd-, West- und Ostflanke der Hohen Veitsch durch sehr steile Anstiege durch felsiges Gelände charakterisiert sind.

Eine abwechslungsreiche Wanderung auf die Hohe Veitsch, die zuerst durch Wald führt und später alpinen Charakter annimmt. Die mächtige Flanke zur Hohen Veitsch sieht von unten steiler und unbezwingbarer aus, als sie es dann tatsächlich ist. Vorsicht ist jedoch geboten bei den Abhängen der steilen

Felswände, diese fallen einige hundert Höhenmeter steil ab. Beim Abstieg kann man bei der Kopfstation des Schleppliftes den Weg über die Brunnalm wählen und auf der Straße zurück zum Parkplatz des Radwirts.
Für sportliche Bergwanderer und deren vierbeinige Begleiter bietet sich noch der Abstieg über die Nordseite durch einen engen markierten Steig durch Latschen an, in Richtung Sohlenalm und von dort über das Niederalpl und die Rotsohl durch den Rotsohlgraben und über das Nikolokreuz wieder zurück auf die Schalleralm. Von dort der gleiche Weg zum Parkplatz beim Radwirt. Für diese erweiterte Tour ist eine gut drei Stunden längere Gehzeit einzuplanen. Der Abstieg zur Sohlenalm ist am Anfang sehr steil und felsig, ab dem ersten Wasser aber eine sehr gemütliche aber lange Wanderung durch Wald und später wieder Weidegebiet. Bedingt durch forstliche Arbeiten nach den Windbrüchen der vergangenen Jahre ist der direkte Weg von der Sohlenalm aufs Niederalpl nicht immer begehbar, die Alternativwege sind aber gut beschriftet.

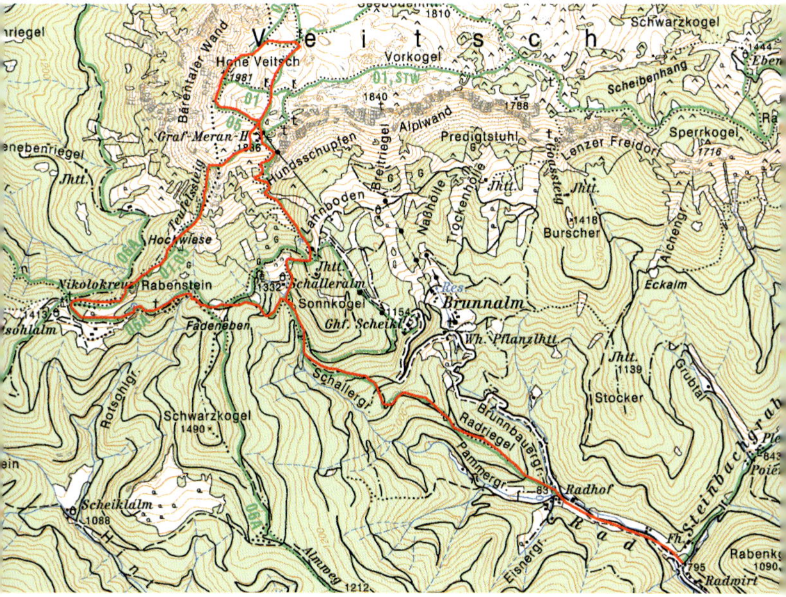

14 Weinebene – Grillitschhütte – Koralpe – Grünangerhütte

Anfahrt

Von Graz über Stainz nach Deutschlandsberg über Trahütten und Glashütten zur Passhöhe der Weinebene. Parkplatz gleich nach der Landesgrenze auf der Kärntner Seite bei der Gösler Hütte.

Anfahrt von Westen über das Lavanttal bei Frantschach auf die Weinebene.

Variante ist auf der steirischen Seite der Parkplatz bei der Abzweigung zur Grünangerhütte vor der letzten Kehre zur Passhöhe. Dann ist die Wanderung in umgekehrter Richtung anzulegen.

Beschreibung

(Weinebene – Grillitschhütte – Koralpe Speik – Hühnerstütze – Grünangerhütte – Weinebene)
Je nach Rastzeiten in den Hütten **5–6 Stunden**.

Aus- und Endpunkt der Rundwanderung ist die Passhöhe (1668 m) der Weinebene (liegt in Kärnten). Von dort dem markierten Höhenweg (505) zur Grillitschhütte (1740 m) folgen. Dort teilt sich der Weg, entweder (591) über das Schäferkreuz durchs Kar dann rechts hinauf über den Steinschneider zum Koralpenhaus und von dort auf den Gipfel des Großen Speikkogel (2140 m), oder steil über die „Hühnerstütze" (505) direkt auf den Großen Speikkogel. Für die Rundwanderung kann jede Variante zuerst gewählt werden. Vom Speikkogel weiter entweder über die Hühnerstütze oder durchs Kar bis zur Abzweigung oberhalb der Grillitschhütte. Von dort (Weg Nr. 20) über die Grünangerhütte (1575 m) wieder zurück zur Weinebene.

Charakter der Tour

Vom Ausgangspunkt – dem Parkplatz der Weinebene – führt der erste Teil der Wanderung zuerst entlang der Schilifte über einen breiten Fuhrwerk recht eben bis zur Grillitschhütte. Diese 1845 errichtete runde Hütte (kein islamisches Bethaus!) liegt am Kreuzungspunkt der Tour. Ab hier entweder zuerst über den mäßig steilen Weg über das Schäferkreuz und dann durch das Große Kar vorbei an einigen zu überquerenden Bächen hinauf zum Koralpenhaus und von dort auf den Gipfel des Großen Speikkogels. Wesentlich schweißtreibender ist der steile Aufstieg über die sogenannte „Hühnerstütze" direkt auf den Gipfel des Großen Speikkogels. Dann ist der Abstieg weniger steil über das Koralpenhaus und das Schäferkreuz zurück zur Grillitschhütte. Die Höhenmeter bleiben immer die gleichen. Schon von der Weinebene sind die markanten „Kugeln"

der Goldhaube, des Überwachungssystems zum Schutz des österreichischen Flugraumes, als Ziel bzw. Wegmarkierung zu erkennen. Auch wenn in den Tälern im Osten wie im Westen hartnäckige Nebelfelder die Sicht beeinträchtigen, die Weinebene liegt dann im strahlenden Sonnenlicht und man taucht erst bei der Rückreise wieder in die Nebelküche ein. Reicht der Nebel bis in die Gipfelregion, ist fast ganzjährig der Weg bis zur Grillitschhütte als kürzere Variante begehbar, im Winter auch erschlossen durch eine Langlaufloipe.

Oberhalb der Grillitschhütte zweigt der markierte Weg Nr. 20 über einen Riegel nach Osten ab, zur Grünangerhütte zuerst noch über der Baumgrenze, dann durch Wald und auf Forstwegen zurück zur Weinebene. Beim Parkplatz der letzten Kehre zur Weinebene hinauf führt ein Wanderweg parallel zur Bundesstraße wieder zurück zum Parkplatz. Lohnend ist auf der Weinebene der kurze Gegenanstieg zur Gedenkstätte, errichtet für Carl Herrmann, den Begründer des Weitwanderweges von Eibiswald bis ins Waldviertel von Süd nach Nord.

Im Sommer ist die gesamte Weinebene intensiv genutztes Almgebiet mit entsprechenden Kontakten zu Weidevieh. Hinweistafeln machen auf diese Einschränkungen aufmerksam. Durch die Vielzahl an Wanderern mit Hunden ist das Weidevieh grundsätzlich an Hunde gewöhnt. Die beste Wanderzeit ist daher der Herbst nach dem Abtrieb des Weideviehs. Wasser ist

entlang der gesamten Rundwanderung in ausreichender Menge vorhanden (Ausnahme Anstieg über die „Hühnerstütze").
Mit drei Hütten, der Grillitschhütte und dem Koralpenhaus auf der Kärntner Seite und der Grünangerhütte auf der steirischen Seite, lässt sich die Rundwanderung sehr gut mit Rastpausen unterbrechen.
Auch wenn der Gipfel des Großen Speikkogels in Kärnten liegt und ein Großteil der Rundwanderung in Kärnten verläuft, ist durch die markanten gut sichtbaren „Kugeln" auf der Koralpe dieser Berg von der steirischen Seite sehr gut markiert und damit im Wanderbewusstsein der Steirer stark verankert.

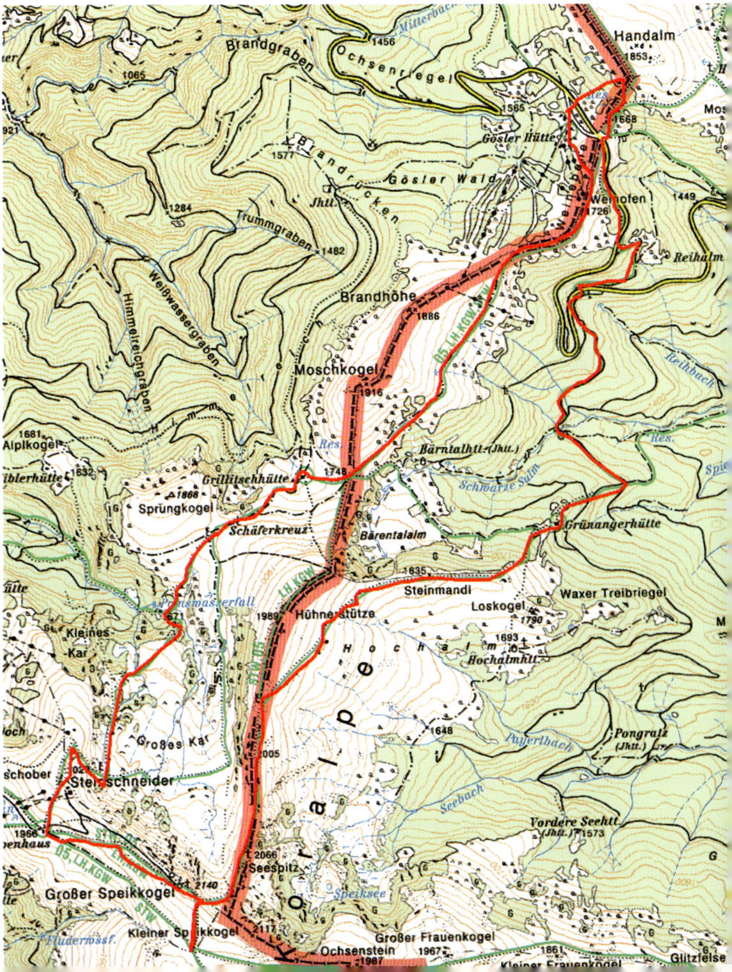

15 Schattensee

Anfahrt

Anfahrt über S 36 Murtalschnellstraße und Judenburg, B 96 in Scheifling nach Murau. Über Ranten nach Krakaudorf. Weiter Richtung Krakauebene, Parkplatz vor dem Hotel Stigenwirth. Oder gegenüber der Kirche beim Fremdenverkehrsbüro.

Beschreibung

(Krakauebene – Schattensee – Weidschober – Etzbichl – Krakauschatten – Krakauebene) **4–5 Stunden** für die gesamte Runde.

Da die Anreise in die Steirische Krakau doch recht lange ist, haben wir mit dem Stigenwirth in Krakauebene (www.stigenwirth.at) einen Stützpunkt gefunden, der hundefreundlich Übernachtungen anbietet, um mehrere Wanderungen durchzuführen.

Ausgangs- und Endpunkt ist der Parkplatz vor dem Hotel Stigenwirth oder gleich beim Einstieg der Wanderung beim Infobüro des Fremdenverkehrsvereins (1305 m) gegenüber der Kirche. Durch den Bauernhof rechts am Wohnhaus vorbei über den steilen Abhang in Richtung Krakauschatten. Der Weg ist mit „Schattensee" ausgeschildert. Über den Bach rund 2 km entlang der Straße in Richtung Moos. Dort zweigt ein steiler Steig durch den Wald hinauf zum Schattensee. Umrundung des Sees und dann über den Forstweg immer gleichmäßig ansteigend auf den Weidschober (1780 m). Weiter in Richtung Osten im Wald über den Etzbichl (1670 m) und dann wieder über Serpentinen auf Forststraßen zurück nach Krakauschatten und von dort wieder über den steilen Gegenhang hinauf zum Ausgangspunkt.

Variante Man kann die Tour auch erst am Schattensee beginnen, bis dorthin führt eine Asphaltstraße. Dann bietet sich eine Wanderung vom Weidschober zur Überlingerhütte ins Überlingermoos an. Zurück wie am Hinweg und dann wie oben beschrieben. Hin und zurück sind das **1 – 2 Stunden** länger.

Charakter der Tour

Die steirische Krakau bietet so viele Wandermöglichkeiten, dass wir uns hier um einen Ausgangspunkt für mehrere Wanderungen umgesehen haben. Mit dem Stigenwirth, einem 4-Sterne-Hotel in Krakauebene, das auch Ferienwohnungen und ein Wellnessprogramm anbietet, haben wir den optimalen Stützpunkt für die Wanderungen in die Bergwelt der Schladminger Tauern gefunden. Das Hotel ist zentral in der Hochebene der Krakau in ruhiger Lage gelegen und entspricht den Anforderungen von Hundebesitzern. Unter www.stigenwirth.at finden Sie nähere Informationen und Schnupper- und Spezialanbote sowohl im Sommer als auch im Winter.

Der Schattensee ist, wie der größere und bekanntere Prebersee, für das Scheibenschießen im Sommer berühmt. Dabei wird nicht direkt auf die Scheibe geschossen, sondern auf das Spiegelbild im Wasser. Im Sommer erreicht dieser Moorsee angenehme Wassertemperaturen, ganzjährig ist die Fischerhütte am See geöffnet und eine Einkehr wert,

16 Kreiskogel – Scharfes Eck – Hohe Rannach

Anfahrt

Über das Murtal S 36 bis Judenburg West, Richtung Zentrum im großen Kreisverkehr 1. Ausfahrt links Richtung Oberweg, Truppenübungsplatz Seetaleralpe (TÜPL), Bergstraße kurvig, aber alles asphaltiert. Parkplatz entweder bei der Militärkapelle oder beim alten Hochofen auf der Schmelz. Möglichkeit, bis zur Winterleitenhütte zu fahren und dort zu beginnen.

Beschreibung

(Schmelz – Winterleitenhütte – Schreibersteig – Scharfes Eck – Kreiskogel – Wenzelalpe – Hohe Rannach – Schmelz) **5–6 Stunden** zuzüglich Besteigung des Zirbitzkogels (**1 Stunde** hin und zurück).

Anfangs- und Endpunkt Parkplatz vor der alten Schmelz. Bei der Wegteilung zur Winterleitenhütte rechts durch Wald an einigen alten Holzhütten vorbei, entlang des markierten Weges über den Parkplatz der Winterleitenhütte zum kleinen Winterleitensee. Der Aufstieg links entlang des Sees ist einfacher als die rechte Seite durch Wald und Steilstufen.

Nach dem großen Winterleitensee teilt sich der Weg in den 08 (Markierung 315 bzw. 308) Weitwanderweg, der auch über den Zirbitz führt, über den Schreibersteig oder den direkten Anstieg über den Sattel auf den gut sichtbaren Kreiskogel.

Dem Schreibersteig folgend bis zur nächsten Teilung am Scharfen Eck (2364 m).

Variante Mit der Besteigung des Zirbitzkogels (2396) (hin und zurück **1 Stunde**) und in einer Stunde über Grat und Kämme auf den Kreiskogel (2306 m).

Abstieg vom Kreiskogel bis zum Sattel und dort rechts hinunter zur schon gut sichtbaren Winterleitenhütte oder weiter über den markierten Weg über die Wenzelalpe (2151 m) und die Hohe Rannnach (1981 m) – der Gipfel lässt sich auch umgehen – und den Brandriegel zurück zur Schmelz.

Charakter der Tour

Wie so viele Touren in den Seetaler Alpen bleibt der Zirbitz als dominante Erscheinung bei diesen Rundwanderungen immer im Blickfeld. Selbst Randtouren auf die ebenfalls über 2000 Meter hohe Berge rund um diesen Hausberg wie das Scharfe Eck (2364 m) und der Kreiskogel (2306 m) werden von der Erscheinung des Zirbitzkogels beherrscht.

Diese Wanderung führt uns über den Schreibersteig (siehe Tour Zirbitz) bis zum Scharfen Eck. Von hier besteht die Möglichkeit ($^1/_2$ Stunde), den Zirbitzkogel mit dem Gipfel und dem Schutzhaus zu besteigen. Die Rundwanderung ist eine lange, aber nicht durch extreme Höhenunterschiede gekennzeichnete Wanderung mit der Möglichkeit, 4 bis 5 Gipfel zu besteigen.

Die beschriebene Wanderung führt, wenn man auf der „Schmelz" – einem aufgelassenen Hochofen zur Eisengewinnung – im Bereich des Truppenübungsplatzes Seetaleralpen beginnt, entlang des Baches durchs „Sterngassl" über eine von englischen Besatzungstruppen nach dem Krieg errichtete

ehemalige Schitrasse bis zur Winterleitenhütte. Man kann die Wanderung aber auch erst hier beginnen. Am kleinen Winterleitensee befindet sich die Winterleitenhütte; mittlerweile ist die abgebrannte alte Winterleitenhütte etwas oberhalb des Sees wieder errichtet worden. Vom See aus ist bereits der markante Kreiskogel als Ziel der Wanderung erkennbar. Man kann den See umrunden und die Wanderung im Uhrzeigersinn beginnen, Aufstieg über Wege bzw. zuerst noch durch Erlenwald und Zirben, in Geländestufen mit recht hohen Steinblöcken zum großen oder oberen Winterleitensee.
Nach dem großen Winterleitensee teilt sich der Weg. Hier fällt die Entscheidung, ob man gleich den steilen Weg direkt auf den Kreiskogel nimmt oder zuerst den Schreibersteig Richtung Zirbitz (Markierung 315, 308) wählt und dann die Runde über

das Scharfe Eck und den Kreiskogel einschlägt. Um nicht den gleichen Weg für den Rückmarsch wählen zu müssen, haben wir uns für den Schreibersteig entschieden, wandern durch ein Hochkar an kleinen Bächlein vorbei über eine Steilstufe am engen Schreibersteig, benannt nach Dr. Schreiber, dem Erschließer dieses Weges und dem Miterrichter des Zirbitzschutzhauses. Nach der Steilstufe ist bereits linker Hand der markante Zirbitzkogel mit dem Schutzhaus sichtbar. Der Weg schlängelt sich eng und nicht mehr ansteigend entlang des Bergflanke bis unters Scharfe Eck. Geübte Wanderer werden von hier noch den Gipfel des Zirbitzkogels besteigen. Unsere Tour führt uns aber über die markierte Abzweigung vorbei an der Funk- und Überwachungsstation des Bundesheers immer dem Grat entlang in einer Stunde auf den Kreiskogel.

Für Hunde ist der Weg ohne große Probleme zu bewältigen, im Sommer gibt es am Scharfen Eck in Richtung Neumarkt Weidevieh, das aber durch den ständigen Kontakt mit Hunden an diese gewöhnt ist. Der enge Steig und einige Passagen erfordern eine gewisse Trittsicherheit. Der letzte Anstieg zum Kreiskogel erfolgt über Blockfelsen, ebenso dann der Abstieg Richtung Rannach und Winterleitenhütte. Wasser steht nur bis nach den Winterleitenseen zur Verfügung, sollte dann ergänzt werden.

Ab dem Kreiskogel befindet man sich in militärischem Übungsgebiet, und es kann leicht sein, dass unter der Woche hier Soldaten postiert sind, die Ihnen den Weiterweg untersagen, wenn scharf geschossen wird. Am Truppenübungsplatz wird das militärische Schießen mit dem Hochziehen von Signalzeichen angezeigt, und es sollte schon beim Start der

Abstiegsvariante nach dem Schutzhaus entlang des Weges nach Westen in Richtung Scharfes Eck (gut sichtbar die Anlage des Bundesheers zur Luftraumüberwachung), Einstieg in den „Schreibersteig" (Markierung 308), entlang der Flanke des Bergrückens, dann durch Blockfelsen Abstieg in den Karbereich der Winterleitenseen. Vorbei am großen und kleinen Winterleitensee zur Winterleitenhütte (1782 m).
Am Ostende des kleinen Winterleitensees (Winterleitenhütte) befindet sich der Einstieg (Markierung 32) in einen schmalen Steig, der durch Zirbenwald und Weidegelände zur Almrauschhütte und zurück zur Sabathyhütte führt. Bei schlechten Verhältnissen gibt es noch die Möglichkeit, über die mit dem Auto befahrbare Straße Richtung TÜPL Seetaleralpe abzusteigen und entlang der für den Individualverkehr gesperrten Straße zum Ausgangspunkt Sabathyhütte zurückzuwandern.
Die Wanderung ist auch in umgekehrter Richtung möglich.

Charakter der Tour

Der Zirbitz ist mit 2396 m der höchste Berg der Seetaleralpen und bildet das Zentrum der Region Zirbenland. Diese Baumart

prägt auch den Charakter der Landschaft und begleitet den Wanderer bis zur Baumgrenze. Der Zirbitz ist der beliebteste Ausflugsberg der Region Aichfeld-Murboden und wird ganzjährig bestiegen. Vor allem im Frühjahr ist die beschriebene Route über das Lindertal eine viel befahrene Schitour, die auch mit Schneeschuhen und – wenn der Schnee noch entsprechend tragfähig ist – in Begleitung des Hundes absolviert werden kann. Die Wanderung mit Ausgangs- und Endpunkt Sabathyhütte bietet den Vorteil, dass nach dem ersten Anstieg über den ehemaligen Schilift, bei dem sich im Sommer Weidevieh befindet, auf dem weiteren Wegverlauf nicht mit Kühen zu rechnen ist.

Zu beachten ist, dass durch das Auswildern von Steinwild, das sich durch den fehlenden Jagddruck an den Menschen gewöhnt hat, kritische Situationen mit frei laufenden Hunden ergeben können.

Rund 50 Höhenmeter unter dem Zirbitzgipfel, der einen großartigen Rundblick im Süden bis zu den Karawanken, im Norden in die Niederen Tauern und die Seckauer Alpen, nach Westen bei klarer Sicht bis ins Zentrum der Hohen Tauern und zum Großglockner sowie zum Dachstein bietet, befindet sich mit dem Zirbitzschutzhaus eine der ältesten und die höchstgelegene Schutzhütte der Steiermark. Im Sommer ist die Hütte

durchgehend bewirtschaftet, im Winter an schönen Wochenenden für Schitourengeher geöffnet; ein Winterraum bietet immer die Möglichkeit, sich umzuziehen bzw. Schutz zu suchen.
Der Anstieg durch das Lindertal ist eine landschaftlich ausgesprochen reizvolle und abwechslungsreiche Wanderung zuerst durch Wald, dann entlang von kleinen Seen zum Gipfel hin rund eine ¾ Stunde ansteigend auf gut markierten Wegen. Das Zirbitzschutzhaus ist als Ziel entlang des Anstiegs fast immer zu sehen. Ab dem letzten See, vor dem steilen Anstieg, gibt es keine Wasserstelle mehr, was bei der Versorgung des Hundes zu beachten ist.
Gerade für Hunde herrscht am Zirbitz immer Hochbetrieb. Bei einer unserer Wanderungen Mitte August sind wir mehr als 20 Hunden begegnet.
Der Rückweg erfolgt über die Aufstiegsroute (kürzeste Variante); es gibt aber auch die Möglichkeit über den sogenannten Schreibersteig, gut sichtbar ist der Einstieg unter der Überwachungsanlage des Bundesheers am Scharfen Eck, über die beiden Winterleitenseen und die Winterleitenhütte wieder zurück zur Sabathyhütte.
Diese Tour ist für geübte Wanderer noch ausdehnbar, indem man beim Scharfen Eck den markierten Weg über den Kreiskogel (Tour Nr. 16) und von dort über die Winterleitenhütte zurückgeht. Zu beachten ist, dass man sich hier in militärisches

Übungs- und Sperrgebiet begibt und es bei Schießübungen am TÜPL Seetaleralpe zu einer Sperre dieses Weges kommen kann. Auch der Abstieg weiter über die Rannach auf den TÜPL ist dann nicht möglich.

Eine weitere Abstiegsvariante wäre am Schutzhaus vorbei nach Osten über die Rothaide und dann am Almgrat entlang wieder zurück zum Ausgangspunkt.

Der Zirbitz als markante Erhebung wird von allen Seiten bestiegen, vom Murtal über den TÜPL Seetaleralpe und die Winterleitenhütte, von St. Wolfgang bzw. Obdach, von St. Anna über die Tonnerhütte und über das Lavanttal und von Neumarkt bzw. dem Perchauer Sattel.

Eine lohnende, aber sehr lange Tour ist die Kammwanderung nach Süden vom Zirbitz bis zum Klippitztörl. Dafür sind jedoch stabile Wetterverhältnisse und ein zweites Auto am Parkplatz beim Schilift des Klippitztörls erforderlich.

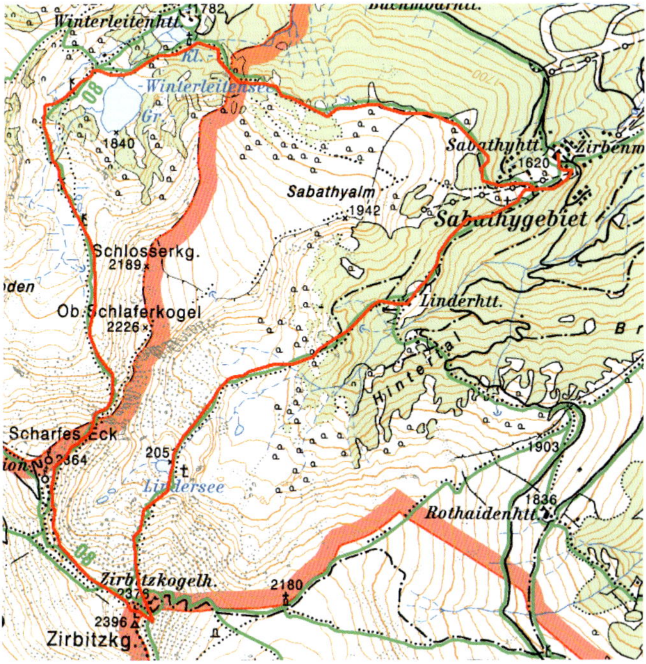

18 Sommertörl – Lahneck – Glaneck – Kesseleck

Anfahrt

Entweder über S 36 Murtalschnellstraße bis Ausfahrt Knittelfeld West, Gaal, aufs Sommertörl, Parkplatz am Übergang.
Oder
Murtalschnellstraße bis St. Peter o. Judenburg, Pöls, Unterzeiring, St. Oswald und von dort aufs Sommertörl zum Parkplatz. Der Übergang ist nicht ganzjährig geöffnet.

Beschreibung

(Sommertörl – Rosenkogel – Lahneck – Glaneck – Kesseleck – Sommertörl) **5–6 Sunden**.
Auch die Überschreitung ins Bärental dauert ungefähr so lange, da der Rückweg wegfällt.

Ausgangs- und Endpunkt, wenn nicht eine Überschreitung ins Bärental geplant ist, ist das Sommertörl (1644 m).
Aufstieg über einen breiten Forstweg zur Lorettokapelle knapp über der Baumgrenze. Von hier in einer Viertelstunde in Serpentinen entlang des Zaunes dem markierten Weg (988) folgend auf den Rosenkogel. Von dort nach Westen durch Latschen am Rücken und später über einige Weidezäune, eher schlecht markiert, aber kaum zu verfehlen, auf das Lahneck (2216 m) und weiter aufs Glaneck (2262 m).
Der Abstieg zum Schaftörl ist felsig, steil und erfordert auf einigen Metern Trittsicherheit. Der Steig ist auch beim

Gegenanstieg hinauf aufs Kesseleck (2308 m) steil und z.T. ausgesetzt. Der Gipfel ist wieder breit und eben. Abstieg entweder wie Anstieg zurück zum Sommertörl.
Variante Weiter über den markierten Weg über den Amachkogel und das Gaalertörl ins Bärental. Möglich ist auch der Abstieg vom Kesseleck in den Lerchgraben und über Schotterstraßen hinaus ins Pölstal.

Charakter der Tour

Das Sommertörl als, wie schon der Name sagt, nur im Sommer befahrbarer Übergang zwischen der Gaal und dem Pölstal ist der Ausgangspunkt für mehrere ausgedehnte Almenwanderungen oberhalb der Baumgrenze. Der Anstieg bis zur Lorettokapelle vom Sommertörl erfolgt auf einer Forststraße noch durch Wald auf die Alm. Ab dem Sommertörl ist praktisch auf der gesamten Wanderung mehr oder weniger stark mit Weidevieh zu rechnen, das sich auf den breiten Almen ungehindert bewegt. Für Wanderungen mit dem Hund ist daher entweder die Zeit vor oder nach dem Almauftrieb besser geeignet, zumal die breiten Hänge der Sonnseite der Niederen Tauern schon sehr früh im Jahr schneefrei und trocken sind. Die einzige Einschränkung ist die Befahrbarkeit der Straße aufs Sommertörl.

Diese Almwanderung bietet die Möglichkeit, mit dem Rosenkogel (1918 m), dem Lahneck (2216 m), dem Glaneck (2262 m) und dem

Kesseleck (2306 m) vier Gipfel zu erreichen und entlang des Höhenkammes zwischen Glaneck und Kesseleck zwei völlig unterschiedliche Geländeformationen zu bestaunen. Nach Norden hin fällt das Gelände in den Gaalgraben schroff und felsig ab, was eine Begehung mit dem Hund nicht angeraten erscheinen lässt, während die Südseite – auch Sonnseite genannt – breite, grasbewachsene Hänge aufweist. Der Verlauf der Wanderung erfolgt beinahe parallel zu der unter Tour Krugspitze (Tour Nr. 28) beschriebenen Wanderung durch den Gaalgraben, nur diesmal nicht im Tal dem Bach entlang, sondern über die Almen und Kämme der Niederen Tauern.
Für Hunde sind die langen Anstiege über die breiten Berghänge der Südseite, vor allem hinauf aufs Lahneck, eine Herausforderung, wenn die Sonne ohne Schatten in die Hänge brennt. Wasser ist hier, bedingt durch die Höhenlange, auch Mangelware. Die letzten Möglichkeiten, Flüssigkeit aufzufüllen, besteht nach dem Sommertörl beim Aufstieg und z.T. bei den Tränken des Weideviehs. Da diese Wanderung überwiegend über der Baumgrenze liegt, ist mit jagdlichen Einschränkungen nur in der Jagdsaison Ende September/Anfang Oktober zu rechnen, wenn das Rotwild seine Brunftplätze aufsucht.

Der Abstieg vom Lahneck zum Schaftörl und der Gegenanstieg hinauf zum Kesseleck erfolgt auf einem eher schmalen Steig und erfordert Trittsicherheit. Wenn man die Aussicht nach Norden über die Abhänge genießen möchte, sollte man unbedingt schwindelfrei sein. Bis zum Lahneck ist die Wanderung auf jeden Fall ein Almspaziergang. Ab dem Kesseleck wird der Weg wieder breiter und die Fernsicht in alle Richtungen kann genossen werden.
Wenn man die Tour noch ausdehnen möchte, besteht die Möglichkeit, vom Kesseleck nicht den gleichen Weg zurückzunehmen, sondern über den Amachkogel und das Gaalertörl über die Felferhütte ins Bärental abzusteigen und sich dort von einem Auto abholen zu lassen.
Diese Höhenwanderung lebt vom Kontrast der schroffen Abhänge im Norden in den Bereich der Gaaler Berge und den sanften Matten der Almweiden der Südhänge der Niederen Tauern. Auch wenn man nur bis zum Glaneck wandert, bleibt der Eindruck einer schönen Almwanderung. Einzige Einschränkungen für den Hund bestehen in der Zeit der Weideviehhaltung.

19 Ingeringsee – Kettentörl

Anreise

Über die Murtalschnellstraße S 36 bis Knittelfeld West, Richtung Gaal, in Ingering im Ort vor dem Schloss Abzweigung in Richtung Ingeringsee, rund 5 km bis zu Parkplatz 4 bzw. Ende der Straße vor dem Ingeringsee, zuerst auf Asphalt, dann auf einem Schotterweg.

Beschreibung

(Ingeringsee – Kettentörl – Ingeringsee) **5–6 Stunden** hin und zurück.

Ausgangs- und Endpunkt ist der Parkplatz am Ingeringsee (1220 m). Wenn Sie bereits den Parkplatz 4 wählen, ist mit einer zusätzlichen Waldwanderung von rund 2 km zum See sowohl hin als auch zurück zu rechnen.

Am See gegen den Uhrzeigersinn eine halbe Umrundung. Achtung auf den markierten Einstieg (02 / 08) zum Kettentörl (1864 m).

Anstieg auf Forststraßen zumeist entlang der Ingering auch über Holzbrücken zu einer Hochebene mit einem Hochmoor. Hier befinden sich gut sichtbare Suhl- und Brunftplätze des Rotwildes und deren Einstand im Erlenwald.

Weiter schlängelt sich der Steig durch Erlen und Latschen in einem steilen Anstieg immer entlang von Wasser bis über die Baumgrenze. Von dort ist das Kettentörl bereits sichtbar.

Rückweg wie der Anstieg, zurück zum Ingeringsee, den man am Einstieg mit einer weiteren halben Runde umrunden und die Tour am Parkplatz abschließen kann.

Charakter der Tour

Der Ingeringsee ist ein besonders reizvoller Bergsee zwischen Niederen Tauern und Seckauer Alpen. Er wird von der Ingering durchflossen und die beschriebene Tour führt entlang des Zuflusses des Ingeringsees auf einen Übergang ins Triebental in rund 1800 Seehöhe. Diese Übergänge zwischen Mur- und Ennstal sind typisch, wie das Triebenertörl, Krugtörl, aber auch der Übergang in Hohentauern.

Ausgangspunkt ist der Parkplatz in unmittelbarer Nähe des Ingeringsees, der nicht nur von Wanderern, sondern auch von vielen Spaziergängern mit Hunden frequentiert wird. Der See wird umrahmt im Norden vom Hochreichart (siehe Tour Nr. 27) und den Höhenzügen der Niederen Tauern. Am besten beginnt man die Wanderung rechter Hand mit einer halben Umrundung des Ingeringsees. Es zweigen einige Forststraßen vom Uferweg ab, die markierte Route (08 / 02) ist nur an der Nordwestseite des Sees gut erkennbar. Wenn dieser Einstieg versäumt wird, ist eine Durchquerung des doch schon recht breiten Ingeringbaches notwendig, mit oder ohne Schuhe.

Der gesamte Wegverlauf führt entlang der Zuflüsse des Ingeringsees aufwärts, nur der letzte Anstieg durch Erlen- und Latschenwald auf den Übergang ins Triebental ist dann trockener Almboden. Je nach Wetterverhältnissen ist die gesamte Wanderung eher nass. Für Hundebesitzer zu beachten sind die jagdlichen und forstlichen Sperrgebiete, Brunftplätze des Rotwildes auf der Hochebene mit den Einständen im Erlenwald, sowie Weidevieh im Sommer.

Wenn man den Ingeringsee hinter sich gelassen hat, steigt man entlang des Ingeringbaches zuerst auf Forststraßen, später über eine Hochebene durch Latschen auf dem gut sichtbaren und markierten Weg bis zum Endpunkt der Tour aufs Kettentörl. Am Kettentörl eröffnen sich herrliche Ausblicke ins Triebental bis in die Kalkalpen rund um Admont und die Klettertürme der Gamskögl und zurück auf den Aufstieg den Ingeringgraben hinaus bis zum Ingeringsee.

Bei einer herrlichen Hochsommerwanderung ist uns bei der rund sechsstündigen Tour nur ein weiteres Wanderehepaar

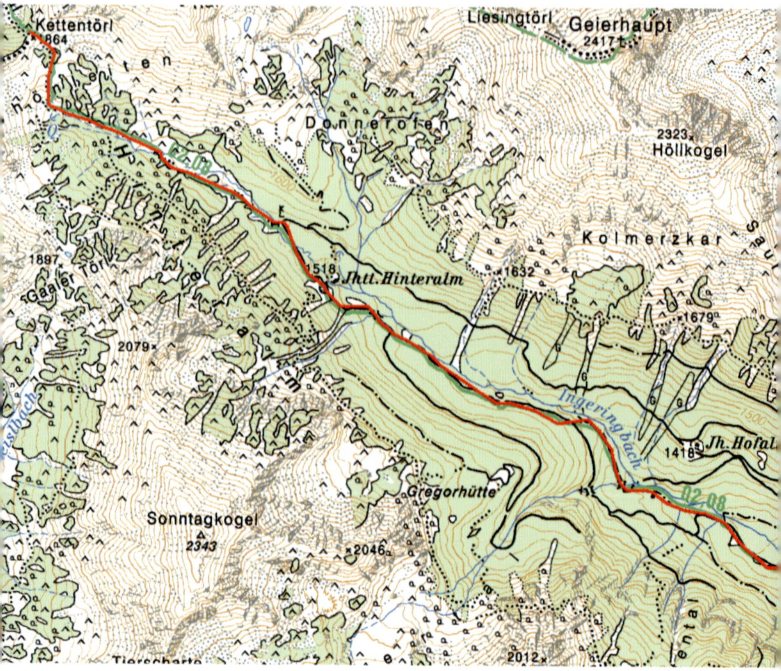

begegnet (ebenfalls mit Hund). Wir haben dann den Anstiegsweg wieder als Rückweg gewählt.

Da diese Wanderung auch Teil eines alpinen Weitwanderweges ist, bietet sich eine Überschreitung des Kettentörls in Richtung Triebental an, bis zur bewirtschafteten Bergerhube. Hier gibt es Übernachtungsmöglichkeiten und man kann am nächsten Tag über das Krugtörl und die Krugspitze oder auf gleichem Weg den Rückweg zurück zum Ingeringsee antreten. Oder man ist mit zwei Autos unterwegs und reist aus dem Triebental über Hohentauern und eventuell über das Sommertörl wieder in die Gaal zum Ingeringsee zurück.

Der Weg aufs Kettentörl ist eine lange, mäßig aber kontinuierlich ansteigende doch recht anstrengende Tagestour für Frauerl, Herrl und Hund. Gerade im Gebiet der Gaal ist im Hochsommer sehr oft mit lokalen Gewittern zu rechnen, die bei der Planung der Tour berücksichtigt werden sollten.

20 Deneck-Sölktal

Anfahrt

Von Graz über die A 9 Liezen, Gröbming und von dort über St. Nikolai i. Sölktal bis zum Parkplatz der Kaltenbachalm, oder zum Parkplatz der Erzherzog-Johann-Hütte.

Oder Anfahrt über die S 36 Murtalschnellstraße Judenburg, Scheifling, Frojach, St. Peter a. Kammersberg über den Sölkpass bis zur Kaltenbachalm oder Erzherzog-Johann-Hütte.

Beschreibung

(Kaltenbachalm (Erzherzog-Johann-Hütte), Unterer Kaltenbachsee, Mittlerer Kaltenbachsee, Oberer Kaltenbachsee, Deneck, Kaltenbachalm) Für die gesamte Runde **4–5 Stunden**.

Ausgangs- und Endpunkt ist entweder die Kaltenbachalm oder der rund 400 Meter entfernt liegende Parkplatz der Erzherzog-Johann-Hütte. Der Aufstieg zur Kaltenbachalm erfolgt parallel zur Sölkstraße. Bei Anreise über den Sölkpass (1788 m) kann man nach der dritten Kehre gleich direkt, über den Bach, markiert (gelbe Schilder) einsteigen. Anstieg zuerst in Serpentinen steil bis zur ersten Geländekante zum Unteren Kaltenbachsee. Anstieg Richtung Nordwesten der Flanke entlang zum Mittleren Kaltenbachsee. Überquerung des Abflusses und durch eine steile Flanke in Kehren zum Oberen Kaltenbachsee. Von dort vorbei an großen Blöcken auf eine Hochebene. Entlang der Bergflanke führt der Weg über Bergwiesen zum Schluss steil auf den Gipfel des Deneck (2433 m). Aufstieg wie Abstieg.

Ergänzungsvariante Erzherzog-Johann-Hütte – Haseneckscharte – Erzherzog-Johann-Hütte, weitere **3 Stunden**.

Charakter der Tour

Die Sölktäler mit dem Sölkpass bilden einen seit Jahrhunderten genutzten Übergang vom Murtal ins Ennstal. Der Sölkpass erlangt immer traurige Berühmtheit, ist er doch immer einer der ersten Alpenpässe, die bei Wetterstürzen im Sommer und im Herbst und über den Winter gesperrt werden. Die serpentinenreiche aber gut befahrbare Straße wird auch von Motorradfahrern sehr geschätzt.

Die Sölktäler sind geprägt von Wasser, Wild und Weidevieh. Gerade die beschriebene Tour aufs Deneck sollte man eher erst ab Ende September mit dem Hund unternehmen, da bis zum Mittleren Kaltenbachsee Weidevieh anzutreffen ist. Entlang der drei Seen, die mit ihren tiefblauen Wässern beeindrucken, ist für den Hund immer für ausreichend Erfrischung gesorgt. Der letzte Anstieg erfolgt auf einem schmalen Steig, aber erfordert keine große alpinistische Erfahrung, belohnt aber – wenn das Wetter passt – mit einem tollen Blick nach Norden zum Grimming und in das Gebiet des Dachsteins. Neben dem Knallstein ist das Deneck der beherrschende Berg des Sölktales, ein klassischer Wanderberg.

Da wir an einem Hochsommertag nach dieser Tour noch Zeit hatten, sind wir als Ergänzung, aber durchaus geeignet auch als eigene Tour, von der Erzherzog-Johann-Hütte noch auf die markierte Haseneckscharte (2205 m) gewandert. Zuerst an der Hütte vorbei auf dem markierten steinigen Fahrweg, teilweise mehr ein Bach als eine Straße. Abzweigung in Richtung Hochstubofen und Haseneckscharte gelb markiert. Zuerst über Hochweide, dann über einen Bach durch Erlen auf einem gut markierten Steig hinauf auf den Sattel der Haseneckscharte. Die Umrundung des Hochstubofens und der Rochelscharte, der von der beschriebenen Wanderung abzweigt, ist hochalpin und sollte nur mit einem bergerfahrenen Hund unternommen werden.

21 Roßbachkogel

Anfahrt

Von Graz über die A 2, Ausfahrt Ligist, in Köflach über die Gaberlstraße (B 77) bis Krenhof. In der Kurve geradeaus nach Graden. Im Ort gleich nach der Kirche führt die kurvige, enge Straße rund 8 km zuerst asphaltiert, dann als Forststraße zum Oskar-Schauer-Haus. Parkplatz direkt vor der Hütte.

Beschreibung

(Oskar-Schauer-Haus – Terenbachhütte – Zeißmannhütte – Roßbachkogel – Terenbachalm – Oskar-Schauer-Haus) Gesamtrunde **4–5 Stunden**.

Die Runde lässt sich noch erweitern über den Gleinalmsattel und den Speikkogel, dann **6–7 Stunden**.

Ausgangs- und Endpunkt ist der Parkplatz vor dem Oskar-Schauer-Haus (1394 m). Nach rund 200 Metern teilt sich der Weitwanderweg (02 05). Hier führt der Weg linker Hand in Richtung Gaberl und Steinplan (siehe Tour Nr. 26). Zum Roß-

bachkogel auf einem Forstweg im Wald leicht ansteigend zur Terenbachhütte. Steil nach der Hütte entlang eines Gerinnes über eine Hochweide, dann durch einen schmalen Waldsteig zur Zeißmannhütte. Über den Anstieg entlang des breiten Höhenrückens auf die Roßbachalm (1723 m), von dort direkt auf den Roßbachkogel (1848 m).

Variante Abstieg vom Roßbachkogel weiter über den Höhenrücken und steil durch den Wald hinunter zum Gleinalmsattel (1586 m) und den steilen Gegenanstieg hinauf auf den Speikkogel (1988 m). Rückweg am Hinweg, wobei der Roßbachkogel „umgangen" werden kann.

Bei der Zeißmannhütte durch den Wald rechter Hand ansteigend über die Terenbachalm (1691 m) und das Stierkreuz (1485 m) wieder zurück zum Oskar-Schauer-Haus.

Oder ohne weiteren Höhenanstieg von der Zeißmannhütte über den Hinweg durch den Wald auf der Forststraße zum Oskar-Schauer-Haus.

Charakter der Tour

Die beschriebene Wanderung vom Oskar-Schauer-Haus auf den Roßbachkogel ist Teil des Nord/Süd-Weitwanderweges (02 05) und des E 6, des Europäischen Wanderweges. Das Oskar-Schauer-Haus als Ausgangs- und Endpunkt der Rundwanderung bildet mit 1394 Metern den idealen Ausgangspunkt für die Wanderungen ins Gleinalmgebiet. Der markierte Weg führt zuerst über eine breite Forststraße durch Wald nur leicht ansteigend, immer vorbei an kleinen Wasserläufen, zur Terenbachalm. Bei den Hütten zweigt der Weg ab über eine Hochalm und später durch einen schmalen, mit Wurzeln überwachsenen Weg durch Wald zur Zeißmannhütte. Vorsicht, die Wurzeln sind bei Feuchtigkeit wie Tau, Reif und Regen recht rutschig. Von hier aus sind bereits der Gipfel des Speikkogels und die Roßbachalm gut zu sehen.

Ab der Zeißmannhütte gibt es am Anstieg und am Abstieg zum Gleinalmsattel kein Wasser mehr. Bei der Hütte können die

Wasservorräte an einem großen Brunnentrog aufgefüllt werden. Die Gleinalm ist ein in Richtung Nord/Süd verlaufender sanfter Höhenzug, der das Obere Murtal (Aichfeld-Murboden) von der Weststeiermark trennt. Über die Gleinalm streicht immer wieder, auch bei strahlendem Sonnenschein im Sommer und Herbst, ein unangenehmer kalter Höhenwind. Die breiten Almen sind im Sommer intensiv genutztes Weidegebiet, im Herbst sind jagdliche Einschränkungen zur Hirschbrunft zu beachten. Die beste Wanderzeit sind der Oktober und November; wenn in den Tälern bereits zäher Frühnebel hängt, ist die Gleinalm noch immer in strahlenden Sonnenschein getaucht.
Am Sattel nach der Zeißmannhütte kreuzt der Übergang von Rachau und Knittelfeld kommend nach Kainach bei Voitsberg. Unser Weg führt über einen kurzen steilen Anstieg entlang des Zaunes oder auf einem breiten Steig auf die Roßbachalm. Von

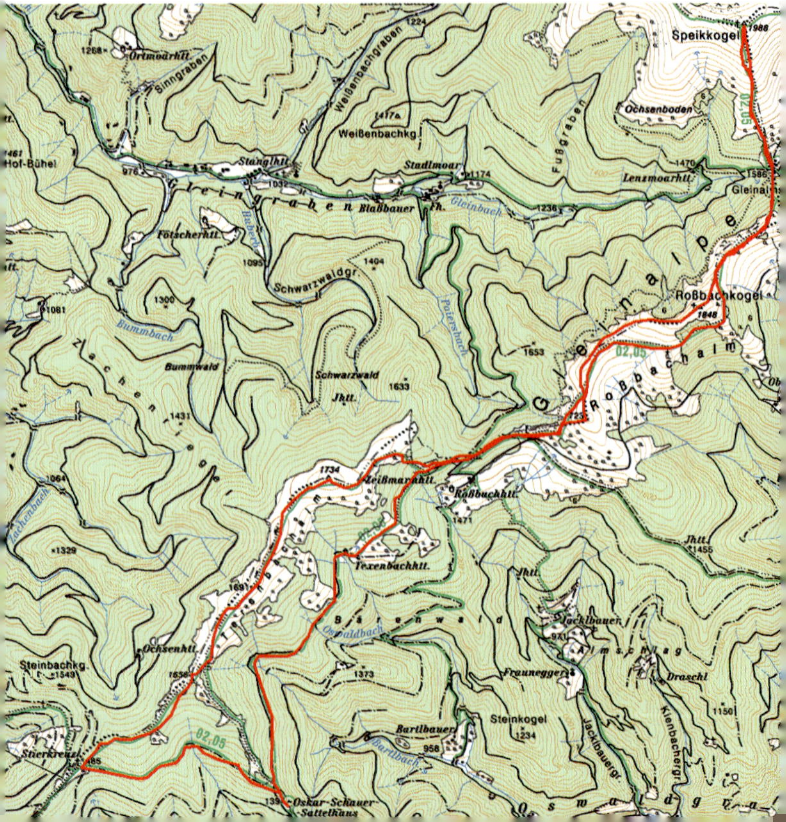

dort über eine breite Almweide direkt zum Gipfelkreuz auf den Roßbachkogel (1848 m). Weiter in Richtung Norden über die Bergflanke und dann über einen schmalen Waldweg hinunter zum Gleinalmsattel (1586 m) mit der Kirche. Die 300 Höhenmeter nach unten muss man mit noch einmal mehr als 400 Höhenmetern am Gegenanstieg zum Speikkogel (1998 m) wieder wettmachen. Wenn man den Speikkogel ebenfalls noch mitnehmen will, ist die Wanderung über die Gleinalm eine mindestens 7-stündige stramme Wanderung, da der Rückweg auf dem Hinweg erfolgt, ist auch einiges an Höhenmetern zu bewältigen, daher nur für konditionsstarke Wanderer und Hunde zu empfehlen.

Die Rundwanderung kann aber bereits am Roßbachkogel beendet und mit einer Wanderung über die Terenbachalm (1691 m) und das Stierkreuz abgeschlossen werden. Dabei zweigt der markierte Weg bei der Zeißmannhütte nach Westen durch Wald auf die Hochalm der Terenbachalm ab und folgt dem Höhenrücken mit Ausblick ins Aichfeld und auf den Steinplan über die Wegkreuzung beim Stierkreuz, oder schon vorher als Abzweigung wieder markiert zurück zum Ausgangspunkt beim Oskar-Schauer-Haus.

22 Alpl – Hauereck

Anfahrt

Über A2 Gleisdorf und B 67 nach Weiz, auf der B 72 über Birkfeld und St. Kathrein am Hauereck nach Alpl.
Oder über Bruck a. d. Mur und die S 6 bis Krieglauch und von dort auf der B 72 nach Alpl.

Beschreibung

(Alpl – Modertörl – Rotes Kreuz – Hauereck – Alpl) **2–3 Stunden** für die Runde. Variante mit Rosegger-Geburtshaus und Waldschule noch **1 Stunde** länger.
Ausgangs- und Endpunkt der Waldwanderung in den Fischbacher Alpen ist einer der zahlreichen Parkplätze am Alpl rund um den Waldheimathof Bruggrabner am Alpl (1062 m). Entlang der Trasse des Schiliftes ansteigend bis zur Kopfstation. Hier zweigt rechter Hand ein Weg ab vorbei an der Waldheimatkapelle in Richtung Osten zum Hauereck. Über das Modertörl (1241 m) und das Rote Kreuz (1275 m) führt der markierte Weg Nr. 740 zum Hauereck (1301 m) und zur Schutzhütte am Hauereck. Zurück auf gleichem Weg wie am Hinweg bis

zum Roten Kreuz. Dort teilt sich der Weg in den Weitwanderweg 02 zurück über die Kathreiner Alm, Jägerhöhe (1227 m) zur von Peter Rosegger gegründeten Waldschule und von dort zurück zum Ausgangspunkt beim Waldheimathof.
Variante Von der Waldschule noch auf den Kluppeneggerhof (Rosegger Geburtshaus) markiert als Wanderung Nr. 2 und auf gleichem Weg wieder zurück zur Waldschule und zum Waldheimathof. Dauer dieser Variante rund **1 Stunde** zusätzlich.

Charakter der Tour
Das Alpl, als eines der Zentren in den Fischbacher Alpen, bietet für Wanderer eine Vielzahl an ausgedehnten Waldtouren durch die scheinbar endlosen Forste der Waldheimat. Nicht umsonst heißt dieses Gebiet Waldheimat, ein Begriff, der mit dem Wald, aber auch untrennbar mit dem Namen des steirischen Heimatdichters Peter Rosegger verbunden ist, dessen Geburtshaus ebenfalls mit dieser Wanderung besucht werden kann. Als Ausgangspunkt für die meisten Wanderungen bietet sich direkt am Alpl der Waldheimathof Bruggrabner an. Dieses historisch gewachsene Ensemble, zusammengesetzt aus verschiedensten Baustilen, bietet für jeden Besucher etwas, vor allem für Kinder und Hundebesitzer. Als hundefreundlicher Betrieb bewirbt sich der Waldheimathof als ganzjähriges Wander- und Schigebiet mit angeschlossenen Schiliften und einem Wellness- und Wasserweltbereich.
Die hier vorgestellte Wanderung ist eine fast das ganze Jahr über begehbare Rundwanderung, im Winter entlang des historischen Eisenweges als Langlaufloipe gespurt. Vorsicht daher bei Kontakt mit Schilangläufern und bitte Rücksichtnahme auf die Spur der Loipe. Vom Gasthof Waldheimathof steigt man entlang des Schiliftes durch den Erlebnisbereich des Märchenwaldes über die Kressbachalm bis zur Kopfstation des Schleppliftes. Rechter Hand vorbei an der Endstation des Schiliftes vorbei an der Waldheimatkapelle mündet der Weg in den markierten Wanderweg Nr. 728. Immer durch Wald führt der Forst- und Wanderweg entlang des Höhenkammes zum Mo-

dertörl auf 1271 m bis zu einer Waldlichtung, auf der ein rotes Marterl steht, das dem Platz seinen Namen – Rotes Kreuz – auf 1275 Metern gibt. Hier teilen sich mehrere Wege, die in verschiedenen Längen wieder zurück zum Alpl führen oder weiter markiert zuerst noch als Nr. 728, später als 702 zum Hauereck. Auch auf das Hauereck führt ein Schilift und dort befindet sich ein Naturfreunde-Schutzhaus.

Die Tour lässt sich von hier markiert als Weitwanderweg 02 bzw. 740 noch eine Stunde fortsetzen auf den Gipfel des Pretul (1658 m).

Da der überwiegende Teil der Wanderung durch dichten Forst führt, ist mit Wild zu rechnen und es sind entsprechende Vorsichtsmaßnahmen zu treffen. Weidevieh ist im Wald eher keines zu erwarten, für ausreichend Wasser sollte man sorgen bzw. dieses bei den Schutzhütten ergänzen.

Wir haben – da wir die Tour am Heiligen-Drei-Königstag bei minus 13 Grad Celsius begonnen haben – die Wanderung als Rundtour zurück über das Rote Kreuz und von dort mit der markierten Alpenbike-Tour (02) zur Kathreiner Alm und die Jägerhöhe auf 1227 m fortgesetzt und gelangten über die von Peter Rosegger gegründete Waldschule wieder zurück zum Waldheimathof, wo wir die warme Gaststube und die Küche

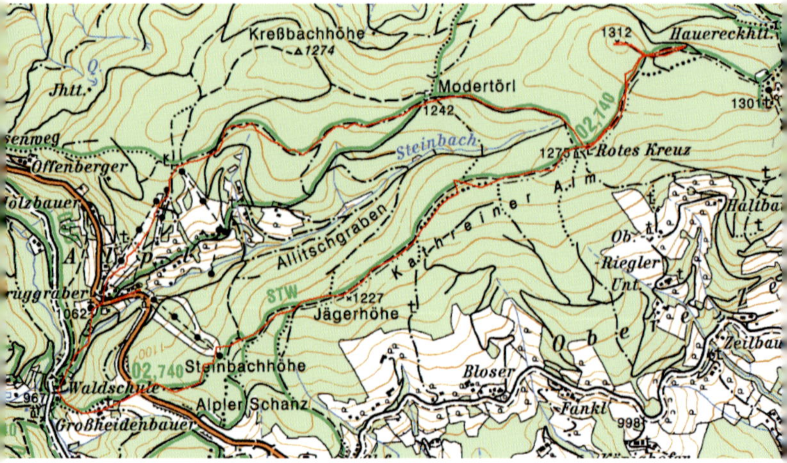

genossen.

Als eine mögliche Variante zu dieser Tour bietet sich noch die Verlängerung der Wanderung von der Waldschule hinauf zum Kluppeneggerhof, dem Geburthaus des steirischen Heimatdichters Peter Rosegger, an. Dann ist für den Auf- und Abstieg ein zeitlicher Mehraufwand von gut einer Stunde anzusetzen.

Im Waldheimathof liegt auch eine eigene Wanderkarte auf, die eine Vielzahl an zusätzlichen Routen mit dem Ausgangspunkt am Alpl beschreibt. Man kann von hier aus – ohne das Auto benutzen zu müssen – mehrere Tage ausgedehnte Waldwanderungen unternehmen, über den Teufelstein und die Schanz zur Stanglalm, nach St. Kathrein am Hauereck, den Christmettenweg auf den Spuren Peter Roseggers vom Alpl hinunter nach Krieglach, bis zu Wanderungen in das Hochwechselgebiet oder nach Osten ins Joglland und nach Vorau.

23 Bärntal – Triebner Törl – Großer Grießstein

Anfahrt

Anfahrt über S 36 Murtalschnellstraße und Judenburg, St. Peter o. Judenburg durch das Pölstal über St. Johann am Tauern, 4 km nach St. Johann a. Tauern beim Gasthof Bruckenhauser Abzweigung ins Bärntal, 5 km bis zum Ende der Straße beim Parkplatz oder zur Franzlbauern-Hütte knapp vorher.
Variante Anreise über die A 9 bis Trieben und von hier über Hohentauern bis zur Abzweigung ins Bärntal.

Beschreibung

(Parkplatz Bärntal – Franzlbauer – Triebner Törl – Großer Grießstein – Parkplatz) **5–6 Stunden** für die gesamte Runde.
Ausgangs- und Endpunkt auch für eine Labung nach der Wanderung ist die Franzlbauer-Hütte (1480 m). Anstieg zuerst über die Forststraße und am Ende der Forststraße durch einen steilen markierten Weg durch Bannwald Richtung Triebner Törl. Zweimal wird der Bärntalbach gequert (Holzbrücke und freier Übergang), über eine steile Geländestufe durch Latschen auf Serpentinen zum Triebner Törl (1905 m). Hier entweder am „Normalweg" Richtung W/NW über zuerst blockiges Gelände und dann steil und ausgesetzt zum Gipfel.

Variante ist der Direktaufstieg zuerst durch Latschen und über die steilen Berghänge dem Gelände angepasst zum Gipfel entlang der Südflanke auf den Gipfel des Großen Grießsteins (2337 m).
Weitere „Ausweichmöglichkeiten" sind der sanftere Anstieg vom Triebner Törl auf den Sonntagskogel (2229 m) (Tour Nr. 12) oder der Abstieg ins Triebental zur Bergerhube.

Charakter der Tour

Der Große Grießstein ist mit seinen 2337 Metern eine imposante Erscheinung in den Niederen Tauern mit einem tollen Rundumblick vom Gipfel nach Norden ins Triebental und die Kalkalpen, nach Westen bis zum Grimming und Dachstein und nach Süd/Südwest zum Hengst und Großen Pösenstein – etwas verdeckt durch den Sonntagskogel – und im Osten zum Amachkogel und Lärchkogel.

Die Wanderung beginnt im Bärntal mit einem Anstieg entlang des Bärntalbaches über einen verwachsenen Weg zuerst durch Bannwald und Erlen, begleitet immer vom Rauschen des Wassers. Der Bärntalbach wird nach rund 1 km über eine Holzbrücke gequert und ab da schlängelt sich der Weg entlang des Baches durch Hochwald bis zur Baumgrenze. Markant und beeindruckend ist bereits in Richtung des Aufstiegs die Südflanke des mit Latschenfeldern und Geröllhalden besetzten Großen Grießsteins zu sehen. Linker Hand beim Aufstieg sind die steilen Hänge des Sonntagskogels (siehe Tour Nr. 12) die Begleiter.

Über eine Steilkante führt der Weg in eine kleine Hochfläche, auf der sich Latschenfelder und die Quellen des Bärntalbaches befinden. Ein kurzer steiler Anstieg in Serpentinen bringt uns zum Triebner Törl, einem der Übergänge vom Pölstal ins Triebental. Man kann hier auch ins Triebental zur Bergerhube absteigen oder über den Sonntagskogel und die Schipiste der Moscher Lifte nach Hohentauern weiterwandern.
Dieser Knotenpunkt ist der Punkt der Entscheidung. Von hier kann man über einen markierten, jedoch sehr blockigen Weg zur Nordwestflanke des Großen Grießsteins wandern/klettern oder hüpfen und von dort über die Flanke steil und z. T. ausgesetzt auf den Gipfel des Großen Grießsteins wandern. Besonders beeindruckend sind hier die Tiefblicke in das Triebental zum blitzblauen Eberlsee, der steil von unten heraufblinkt. Diese üblicherweise als Normaltour beschriebene Route ist für Hunde leider durch die Steilheit des Geländes nicht optimal geeignet. Besser ist es, vom Triebner Törl die direkte Variante über den Südhang steil aufsteigend auf den Gipfel zu wählen. Zuerst ist der Weg noch gut sichtbar und auch markiert, verliert sich dann aber im freien Gelände. Bei guter Sicht und guten Wetterverhältnissen ist dieser Weg aber nicht zu verfehlen, da er direkt auf den Gipfel führt.
Das Bärntal und die Berge der Niederen Tauern sind alpines Gelände und erfordern von Hund und Begleiter einige Kondition. Wasser ist bis zum Triebner Törl in ausreichendem Maße vorhanden, für den Gipfelanstieg sollte man Vorräte einplanen. Der Anstieg dauert doch vom Triebner Törl eine gute Stunde. Weidevieh ist im Sommer zu erwarten und auch jagdlich liegt

das Bärntal in einer Hochwildzone.
Bei gut fünf Stunden für den An- und Abstieg sind auch stabile Wetterverhältnisse für diese Wanderung notwendig.

24 Greim

Anfahrt

Anfahrt über S 36 Murtalschnellstraße und Judenburg, B 96 in Scheifling nach Oberwölz. Richtung St. Peter a. Kammersberg B 75, Abzweigung nach Greim und markiert zur Greimhütte.

Beschreibung

(Parkplatz Greimhütte Greim – Greimhütte) Für die gesamte Runde **4–5 Stunden**.

Ausgangs- und Endpunkt der Bergwanderung ist der Parkplatz bei der Greimhütte (1618 m). In Richtung Norden nach 500 Metern rechts ansteigend markiert über den Grat immer in Blickrichtung Gipfel zum Gipfelkreuz des Greim (2474 m). Rückweg über den Anstieg.

Variante über den Sandkogel (2214 m) in Richtung Südwest und von dort ohne Markierung durch die Greimrinne zurück zur Greimhütte. Dann rund **1 Stunde** länger.

Charakter der Tour

Der Greim ist die klassische „Ausweichtour“, wenn wetterbedingt die umliegenden Berge oder Routen nicht zu machen sind. Durch den Ausgangspunkt in bereits 1600 Metern bei der Greimhütte und mit dem Blick direkt auf das Ziel, ist der Gipfelanstieg zwar ein ziemlicher „Hatsch“, aber auch bei eingeschränkten Wetterbedingungen noch zu bewältigen. Im Spätwinter bis ins Frühjahr hinein wird die Greimrinne noch für die letzten Schitouren genützt, also ein Gipfel für fast alle Jahreszeiten.

Für Hundebesitzer ist die Zeit außerhalb

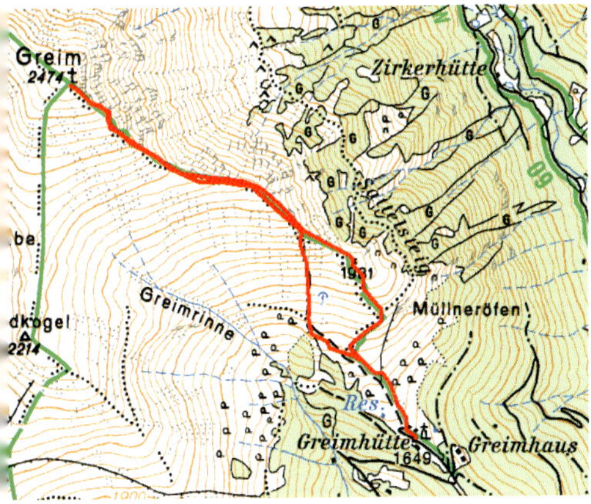

der Weidesaison besser geeignet, da die Greimflanke intensives Weidegebiet ist und im Herbst auch jagdlich genutzt wird. In der Greimrinne entspringt der Wölzerbach, wodurch am Anfang der Tour ausreichend Wasser vorhanden ist. Wenn die Sonne im Sommer in die Greimflanke brennt, ist Wasser für den Vierbeiner wie für den Hundebesitzer sehr gefragt und sollte in ausreichendem Ausmaß mitgenommen werden.
Der markierte Anstieg führt entlang des Grates zum Gipfel, birgt aber keinerlei alpine Gefahren, auch wenn die Abhänge nach Norden hin sehr steil abfallen. Der breite Gipfelrücken

ist mit einem schönen Gipfelkreuz mit einer Holzchristusfigur geschmückt und bietet einen tollen Rundblick nach Norden in die Wölzer Tauern zur Schoberspitze und zum Glattjoch, nach Donnersbachwald und nach Nordosten ins Lachtal. Im Südosten reicht der Ausblick zum Zirbitz und nach Südwesten hin über die Grebenzen bis zum Kreischberg. Im Westen erscheinen die schrofferen Gipfel der Schladminger Tauern und die Gipfel des Sölktales.

Die Tour ist relativ lange, bietet aber wenig Abwechslung, da man immer steil zum gut sichtbaren Gipfel ansteigt. Entschädigt wird man bei gutem Wetter durch die weite Rundumsicht und die Möglichkeit, die Tour in der Greimhütte ausklingen zu lassen.

3-Pfoten-Touren

25 Mariazell – Herrenboden – Tonion – Mariazell

Anreise

Über Kapfenberg, auf der B 20 über Thörl, vorbei an Aflenz über den Seeberg nach Mariazell. Parkplatz südlich der Basilika.

Variante Anreise über Mürzzuschlag auf der B 23 über Mürzsteg und den Lahnsattel durchs Halltal über die Serpentinen nach Mariazell. Man kann dann den Ausgangspunkt bereits vor den Serpentinen des steilen Anstiegs beginnen.

Beschreibung

(Mariazell – Mooshuben – Schöneben – Herrenboden – Tonion – Tonionalm – Langboden – Falkenstein – Mooshuben – Mariazell) **7–8 Stunden** für die gesamte Runde. Man kann auch nur bis zum Herrenboden wandern und die gleiche Strecke zurückgehen, dann reduziert sich die Wanderung auf rund **5–6 Stunden**.

Ausgangs- und Endpunkt ist einer der Parkplätze in Mariazell, von dort über die Serpentinen (Abkürzungen für Wanderer möglich) in Richtung Halltal. Man kann auch hier mit der

Wanderung beginnen (½ **Stunde** Ersparnis). Entlang der Salza beginnt der markierte Weg (406) mit der Überquerung der Salza zuerst steil ansteigend, dann durch Wald und über Wiesen auf der Straße und parallel dazu verlaufend nach Mooshuben. Dieser Weg ist auch Teil der Mountainbikestrecke (Alpentour), die mehr als 800 km durch die Steiermark führt. Die Wanderung ist auch ein Teil des Mariazeller Pilgerweges (Markierungen 405, 406, 432) entlang des Falbersbaches durch einen Waldweg bis zum ehemaligen Forsthaus der Bundesforste in Schöneben. Dort zweigt der Weg (405, 406) über den Falbersbach steil entlang der Bergflanke ansteigend hinauf auf die Hochebene des Herrenbodens. Hier teilt sich der Weg. Der Mariazellerweg führt über den Herrenboden (Hütte) durch den Teufelskessel über die Weißalm aufs Niederalpl. Am Kreuz zweigt der gelb mit 6 markierte Weg rechter Hand ansteigend (428 ist die offizielle Markierung) zum Tonion (1699 m) und führt weiter über den Knochenschacht und die Tonionalm (1429 m) und Langboden (1328 m) nach Falkenstein. Von dort gibt es zwei Möglichkeiten, wieder zurück nach Mooshuben zu kommen. Der Wanderweg (429) über Kalkofen oder der Weg (426) ebenfalls den Stockbauerkogel umrundend zurück nach Mooshuben. Von hier am gleichen Weg zurück zum Ausgangspunkt.

Variante Wer die Tour noch ausdehnen möchte, kann in Falkenstein nach Gusswerk weiterwandern und von dort über den Jubliläumsweg (gelb 13) über die Salzabrücke dann durch Wald und Vororte wieder zum Parkplatz in Mariazell. Von Gusswerk und auch Falkenstein besteht die Möglichkeit, die Tour durch einen Bustransfer zurück nach Mariazell zu verkürzen.

Charakter der Tour

Diese Rundwanderung mit Ausgangs- und Endpunkt in Mariazell wird von Juni bis Mitte August von sehr vielen Wallfahrern begangen. Diese haben kaum Hunde auf ihren doch mehrtägigen Wanderungen mit. Entlang der Straße von Mooshuben nach Schöneben und auf dem Herrenboden weiden im Som-

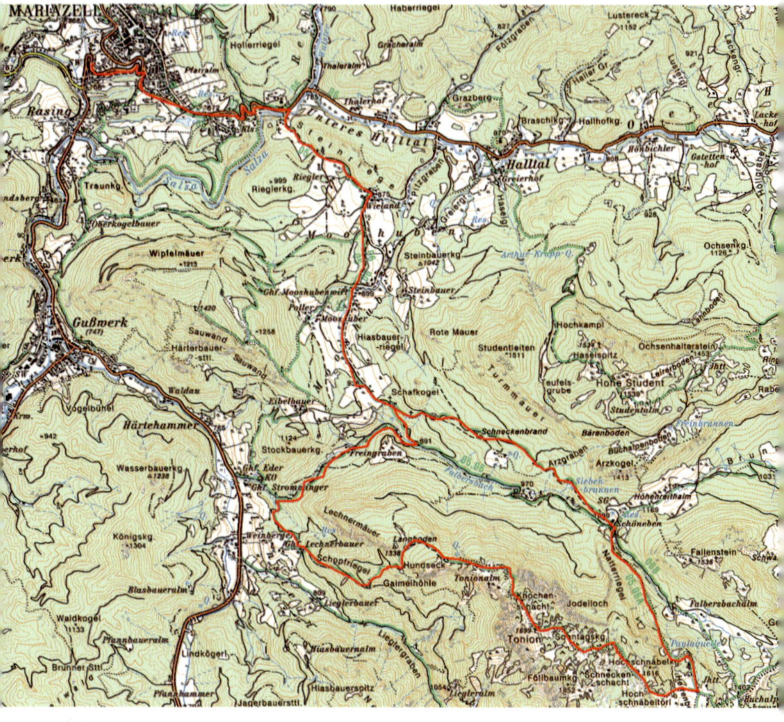
MARIAZELL
Haberriegel
Lustereck
Hollerriegel
Grachenalm
Thaleralm
Pfarralm
Rasing
Thalerhof
Grazberg
Braschikg.
Hallhofkg.
Unteres Halltal
Steinriegel
Halltal
Hohbichler
Gstettenhof
Salza
Traunkg.
Rieglerkg.
Riegler
Wieland
Greierhof
Haselgr.
Oberkogelbauer
Mooshuben
Steinbauerkg.
Arthur-Krupp-Q.
Ochsenkg.
Wipfelmäuer
Ghf. Mooshubenwirt
Steinbauer
Gußwerk
Sauwand
Härterbauer-sttl.
Mooshuber
Poller
Hiasbauer-riegel
Rote Mauer
Hochkampl
Studentleiten
Haselspitz
Ochsenhalterstein
Hohe Student
Studentalm
Turmmäuer
Schafkogel
Waldau
Vogelbühel
Eibelbauer
Härtehammer
Schneckenbrand
Bärenboden
Freinbrunnen
Stockbauerkg.
Freingraben
Buchalpenboden
Arzgraben
Arzkogel
Wasserbauerkg.
Ghf. Eder
Ghf. Stromminger
Sieben-brunnen
Hohenreithalm
Schöneben
Lechnermäuer
Königskg.
Weinberger
Ghf. Lechnerbauer
Schopfriegel
Langboden
Hundseck
Fallenstein
Galmeihöhle
Tonionalm
Natterriegel
Blasbaueralm
Liegerbauer
Knochen-schacht
Jodelloch
Falbersbachalm
Waldkogel
Tonion
Sonntagskg.
Paulaquelle
Pfannbaueralm
Hiasbaueralm
Lindkögerl
Hochschnabel
Brunner Sttl.
Föllbaumkg.
Schnecken-schacht
Hiasbauerspitz
Pfannhammer
Jagerbauersttl.
Liegleralm
Hoch-schnabeltörl

mer überall Rinder auf den Almen, zumeist Jungvieh. Das geschlossene Waldgebiet des Mariazellerlandes ist auch Jagdgebiet und entsprechende Beschränkungen sind zu beachten.
Wasser ist bei Wanderungen mit dem Hund in mehr als ausreichender Menge vorhanden. Der Herrenboden kann nach ausgiebigen Regenfällen oder nach der Schneeschmelze schon mal eher einem Hochmoor gleichen, wodurch wir bei unseren Mariazeller Wanderungen schon mehrfach den Umweg durch den Lieglergraben nehmen mussten. Die hier beschriebene Tour über die Gipfel ist davon eher nicht betroffen. Wobei Wasser in allen Formen (Schnee, Nebel, Regen, Gewitter, Schweiß) die Charakteristika dieser Wanderung sein können. Bei dieser recht langen Rundwanderung ist gerade dem Wetter eine besondere Aufmerksamkeit zu schenken, will man nicht völlig durchnässt in Mariazell ankommen.
Beim Fremdenverkehrsbüro im Ort gibt es detaillierte Auskünfte über Möglichkeiten, die Tour auch mit Bustransfers zu kombinieren.

26 Gaberl – Steinplan – Gaberl

Anreise

Anreise über A 2, Köflach und B 77 Gaberl Bundesstraße bis zur Passhöhe am Gaberl. Dort Parkplatz oberhalb des Schilifts.
Variante ist die Anreise über das Oskar-Schauer-Haus. Köflach bis Krenhof, dort nach Graden und über eine winkelige Straße zuerst asphaltiert, dann Waldweg bis zum Oskar-Schauer-Haus 6 km. Parkmöglichkeit vor dem Oskar-Schauer-Haus.

Beschreibung

(Gaberl – Tuneralm – Steinplan – Gaberl) Variante (Oskar-Schauer-Haus – Tuneralm – Steinplan – Oskar-Schauer-Haus) beide Varianten **6–7 Stunden**.
Ausgangs- und Endpunkt ist das Gaberl Gasthaus (1549 m), von dem der markierte Weg (505) nach Norden, zuerst etwas abwärts, entlang der Bundesstraße führt. Man zweigt dann weg von der Bundesstraße auf einen Forstweg und steigt durch Hochwald entlang der Flanken des Ofnerkogels und des Scherzkogels ohne große An- und Abstiege bis zur Tuneralm (1500 m), auf der jetzt der Weg vom Oskar-Schauer-Haus über das Stierkreuz einmündet. Der Anstieg der Variante vom Oskar-Schauer-Haus ist ungefähr gleich lang, führt ebenfalls durch Wald, aber eher auf breiteren Forststraßen über die Gabelung beim Stierkreuz.
Auf der Tuneralm zweigt der markierte Weg (502) nach Westen ab und steigt zuerst über eine Almwiese, später wieder auf einem Waldweg in Richtung Steinplan (1670 m) ab. Mehrfach sind Weidezäune und Weidetore zu überklettern.
Der letzte Anstieg zum Gipfel des Steinplans führt auf einer Almwiese, noch umgeben von den letzten Resten von Wald, rund **¼ Stunde** steil bergan.
Rückweg wie der Hinweg.
Variante Möglich wäre auch der Abstieg ins Murtal nach Knit-

telfeld. Voraussetzung ist hier ein zweites Auto.

Charakter der Tour

Vom Gaberl führt ein langer Weg durch den Hochwald entlang der Flanke des Ofnerkogels und des Scherzkogels (Markierung 505) zur Turneralm. Hier trifft der Anstieg vom Oskar-Schauer-Haus über das Stierkreuz auf den Weg vom Gaberl. Beide Anstiege führen auf Waldwegen, Waldsteigen und Forststraßen bis hierher. Immer wieder öffnen sich Ausblicke ins Murtal, in die Seckauer Alpen, und später sieht man zurück auf das Gaberl mit dem markanten Windrad bis auf die Koralpe. Nach Norden führt dieser Weitwanderweg über die Gleinalpe weiter, eine lohnende Wanderung, die beim Oskar-Schauer-Haus beginnt. Jetzt teilt sich der Weg und führt nach NW (Markierung 502) (Tour Nr. 21) immer durch Wald und offene Weideflächen.
Wir sind diese Wanderung bereits mehrfach Ende Oktober/ Anfang November gegangen. Am Steinplan, der eher vom Norden aus Knittelfeld bestiegen und mit Mountainbikes er-

klommen wird, betreibt die Naturfreundesektion Knittelfeld das Schutzhaus nur bis Ende Oktober. Ein Tag früher oder später entscheidet über geschäftigen Betrieb und geruhsames Rasten vor der Hütte. Ein Winterraum ist eingerichtet. Für die Verpflegung und das Wasser des Hundes ist dann selbst zu sorgen. Die Wanderung ist für Hunde recht abwechslungsreich, im Sommer durch Weidevieh und entsprechende Weidezäune, die überklettert werden müssen, z.T. mühsam. Wasser und Verpflegung sind außerhalb der Bewirtschaftung der Schutzhütte nicht zu bekommen, daher ist hier vorzusorgen.
Wie angedeutet, ist diese doch recht lange Wanderung beinahe eine Ganzjahrestour, die schon gleich nach der Schneeschmelze und bis zum ersten Schnee ohne Probleme durchgeführt werden kann. Da der erste Teil bei beiden Varianten

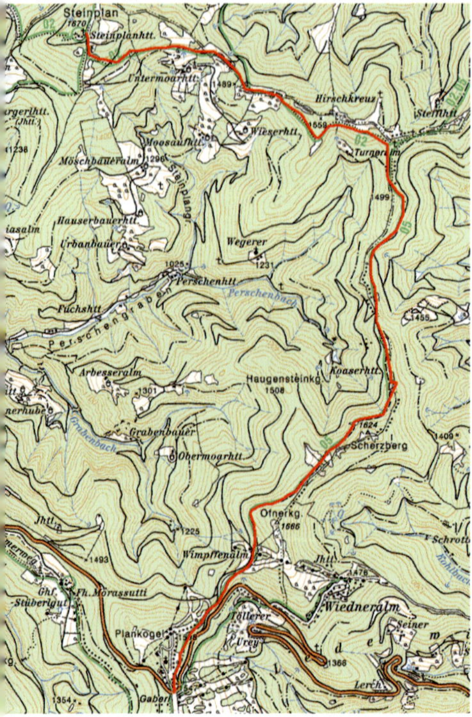

immer durch Hochwald und auf Forststeigen verläuft, sind das Wetter und die Sicht (Nebel) auch kein Kriterium. Der Gipfel des Steinplans ist erst unmittelbar vor dessen Erreichen sichtbar, man ahnt auf der ganzen Wanderung immer nur das Ziel, ohne es genau zu sehen.

Der letzte Anstieg zum Gipfel des Steinplans erfolgt über eine recht steile Almwiese, das Gipfelkreuz ist eingezäunt, und von hier hat man einen tollen Ausblick in die Seckauer Tauern und in das Aichfeld-Murboden.

Diese Wanderung hat zwar keine großen An- und Abstiege, mit rund sechs Stunden reine Wanderzeit ist sie jedoch eine konditionell fordernde Tour, die aber keinerlei wirkliche alpine Herausforderungen stellt. Gutes Schuhwerk sollte hier schon wegen der Länge der Tour selbstverständlich sein, Spaziergang ist es nämlich keiner.

27 Hochreichart

Anreise
Über die Murtalschnellstraße S 36 bis Knittelfeld West, Richtung Gaal, in Ingering im Ort vor dem Schloss Abzweigung in Richtung Ingeringsee, rund 5 km bis zu Parkplatz 4 vor dem Ingeringsee, zuerst auf Asphalt, dann auf einem Schotterweg.

Beschreibung
(Parkplatz 4, Hochreichart – Brandstättertörl – Parkplatz) Dauer **6 Stunden** für die Runde.
Ausgangs- und Endpunkt der Wanderung ist der Parkplatz Nr. 4 an der Schotterstraße zum Ingeringsee. Gelbe Hinweistafel und Markierung (974) weisen zum sichtbaren Anstieg zum Hochreichart hin. Zuerst leicht ansteigend durch Hochwald, recht bald steigt der Steg steil durch den Wald an. Mehrmals wird die Schotterstraße, die zum Brandstättertörl führt, gequert. Bei der dritten Querung fällt die Entscheidung, ob der direkte Weg steil bergauf entlang der Südflanke gewählt wird oder der Weg über das Brandstättertörl, wobei man hier der

markierten Schotterstraße folgt, die nach ca. 1 km zu einer Abzweigung führt. Von dort führt der Weg entlang von Wasserläufen durch den Brandstättergraben immer ansteigend bergauf. Das Brandstättertörl und der Gipfel sind bald schon als Ziel zu sehen.

Vom Brandstättertörl führt der Weg dann in steilen Serpentinen auf den Gipfel des Hochreicharts.

Variante über den Südgrat

Bei der Querung der Schotterstraße weiter steil bergan durch Jungwald und steile Berghänge. Ab der Waldgrenze wird das Gelände felsiger und der Weg führt durch und über Felsblöcke, bei denen schon einmal auch die Hände zu Hilfe genommen werden müssen. Der Weg ist steil, aber nicht ausgesetzt und steigt ständig steil an. Erst knapp unter dem Gipfel weitet sich das Gelände und leitet über in ein flaches, nur mehr leicht ansteigendes Gipfelplateau, auf dem sich der Gipfel und das Gipfelkreuz befinden.

Abstieg über die steilen Serpentinen zum Brandstättertörl und von dort nach Süden entlang der Wasserläufe durch das Brandstättertörl bis zur Schotterstraße und von hier zurück zum Parkplatz.

Charakter der Tour

Der Hochreichart ist die höchste Erhebung der Seckauer Alpen (2460 m) und erhebt sich mächtig, gut sichtbar vom Ingeringsee. Die hier vorgeschlagene Wanderung ist der kürzeste Anstieg, aber auch der steilste, neben dem langen Anstieg über das Paltental. Die Anreise ist mit jener, die in Tour Nr. 19 Kettentörl beschrieben ist, identisch, nur ist der Startpunkt beim markierten Parkplatz Nr. 4. Hier besteht auch die letzte Möglichkeit, Wasser für den Hund aufzufüllen – bei Aufstieg über die Direktvariante über das Brandstättertörl führt der Weg noch bis knapp unter das Törl entlang von Wasser bergwärts. Für den Direktaufstieg ist ein Mindestmaß an Trittsicherheit erforderlich, und der Hund sollte in der Lage sein, auch über größere Felsblöcke zu springen.

Der Hochreichart ist von dieser Seite eine permanent ansteigende, steile und auch kräfteraubende Wanderung in alpinem Gelände. Gleich nach dem Parkplatz führt der markierte Weg zuerst durch leicht ansteigenden Hochwald, über einige Querungen einer Schotterstraße bald steil ansteigend durch den Wald. Nach der dritten „Abkürzung" der Schotterstraße gibt

es eine Gabelung mit dem Hinweis Brandstättertörl. Wir haben bei unserer Wanderung für den Anstieg die steilere Variante entlang des Höhenrückens gewählt, bei dem der gut sichtbare Weg nach der Baumgrenze über Felsblöcken, die z.T. auch zu überklettern sind, den Südgrad entlang führt. Es eröffnen sich tolle Ausblicke auf den zu Füßen des Berges liegenden Ingeringsee, auf das im Süden gelegene Gebiet der Seetaler Alpen mit dem markanten Zirbitzkogel und im Westen auf die Seckauer Alpen mit dem Seckauer Zinken.
Kurz vor Erreichen des Gipfels weitet sich der Anstieg wieder und geht über in ein breites, nur mehr leicht ansteigendes Gipfelplateau mit dem Ausblick nach Norden in die Kalkalpen und in das Palten- und Liesingtal. Am Gipfel treffen sich auch die Wanderer, die von dort her über das Hochreichart-Schutzhaus aufgestiegen sind.
Für den Abstieg wählen wir den gut markierten und stark begangenen Weg hinunter zum Brandstättertörl, einem Einschnitt, von dem aus auch eine Besteigung des Brandstätterkogels (eine weitere Stunde) möglich ist.
Am Brandstättertörl nach Süden zuerst durch Almweidegebiet und später entlang von Quellen und Wasserläufen ständig bergab führt der Weg bis zur Baumgrenze. Hier treffen wir wieder auf die Schotterstraße, die wieder zum Ausgangspunkt führt.
Der Parkplatz liegt auf rund 1100 Metern Seehöhe, und der Gipfel ist mit 2416 Metern Seehöhe eine zünftige Bergtour, zumal der Anstieg durchaus Kondition erfordert.
Für Hunde eine fordernde Wanderung, da bei Sonnenschein ein Gutteil des Anstiegs ohne Schatten sehr steil und ohne Wasserläufe zurückgelegt werden muss. Weidevieh ist uns keines begegnet und jagdliche Einschränkungen sind nur im Wald zu beachten. Im freien Gelände über der Baumgrenze ist eine freie Bewegung des Hundes möglich.
Lohnend ist noch der Besuch des ca. 2 km vom Parkplatz 4 entfernten Ingeringsees im Anschluss an die Bergtour. Fahrt mit dem Auto bis zum Parkplatz oder für noch zu wenig Ermüdete auch zu Fuß.

28 Krugspitze – Krugtörl – Krugsee

Anreise

Anreise über die S 36 Murtalschnellstraße bis Ausfahrt Knittelfeld West, Richtung Gaal, weiter in Richtung Sommertörl bis zur Abzweigung Gaalgraben. Dem Gaalgraben taleinwärts bis zum Parkplatz (3–4 km) folgen.

Beschreibung

(Gaalgraben – Krugsee – Krugspitze – Krugtörl – Gaalgraben)

6–7 Stunden.

Ausgangs- und Endpunkt beim Parkplatz im Gaalgraben auf ca. 1200 Höhenmetern. Taleinwärts der Forststraße folgend entlang des Gaalbaches, diesen mehrfach querend, vorbei an leider unbewirtschafteten Hütten.

Bei einer starken Kehre des Forstweges zweigt der markierte Weg nach links entlang des Baches durch den Hochwald und über mehrere Querungen anderer Forstwege in ein Kar

ab. Von hier geht es steil ansteigend über die Flanken rechter Hand zum Krugsee (1860 m). Umrundung des Sees entlang des Westufers und dann z.T. unmarkiert, aber deutlich erkennbar zur Flanke der Krugspitze. Der Steig windet sich hier in Serpentinen bis zu einem kleinen Gipfelplateau (2047 m). Abstieg wie der Aufstieg, mit der Möglichkeit, oberhalb des Krugsees am Sattel noch zum Krugtörl aufzusteigen mit einem Blick ins Triebental.

Variante Eine Überschreitung ins Triebental ist von hier aus machbar **(2 ½ Stunden)**, ein zweites Fahrzeug ist sinnvoll oder man legt eine Übernachtung mit der Kombination einer anderen Tour am nächsten Tag ein.

Charakter der Tour

Der Gaalgraben, gelegen zwischen dem bekannteren Ingeringgraben und dem Übergang ins Pölstal über das Sommertörl, ist ein ruhiges, eher wenig begangenes Wandergebiet. Immer entlang des Gaalbaches führt die Wanderung zu einem lohnenden markanten Gipfel, einem herrlich darunter gelegenen See und einem Törl – einem weiteren Übergang ins Triebental.

Die Forststraße führt immer taleinwärts entlang des Gaalbaches, der dann bei einer scharfen Kehre rechts liegen gelassen wird. Durch Hochwald und Bannwald führt der Aufstieg in

Kare und durch Latschen. Mitte Juli hatten wir noch die Ausläufer von Lawinen mit Schneeresten zu überqueren. Der Weg führt über eine steile Geländekante hinauf bis zum malerisch gelegenen Krugsee. Die Krugspitze (2047 m) erhebt sich kegelförmig und spitz zulaufend über dem Krugsee. Vorbei am See ist der nur z.T. markierte Aufstieg zur Krugspitze leicht findbar. Nur ein kleines Kreuz, eher eine Markierung, kennzeichnet den Berggipfel, der von der Besucherfrequenz her etwas im Schatten der großen Nachbarn Hochreichart, Planspitze oder im Süden der Gamskögl liegt.

Der Abstieg erfolgt auf dem Aufstiegsweg, wobei man am Sattel noch zum Krugtörl aufsteigen kann, einem der zahlreichen Über-

gänge ins Triebental. Von hier aus sind es noch 2½ Stunden zur Bergerhube. Eine Überschreitung lässt sich dann mit der in der unter Kettentörl (Tour Nr. 19) beschriebenen Wanderung zurück zum Ingeringsee verbinden (Übernachtung im Triebental).
Für Hunde ist der gesamte Weg eine leichte Wanderung, auch der letzte relativ steile und nicht markierte Aufstieg sollte keinerlei Probleme aufwerfen. Weidevieh war nicht festzustellen, eventuelle Einschränkungen im Wald durch jagdliche und forstliche Aktivitäten sind zu beachten. Da der gesamte Weg entlang des Gaalbaches führt, diesen auch mehrfach quert, ist für ausreichend Wasser gesorgt.

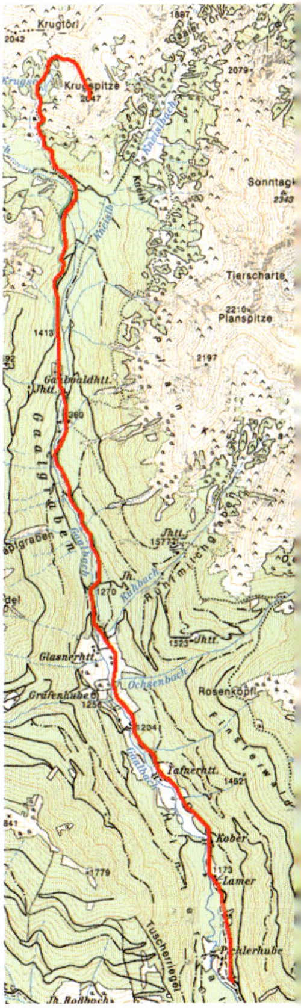

gen bestehen können. Gams- und Steinwild sind den Wanderer gewohnt und können aus nächster Nähe beobachtet werden, der Hund sollte aber dann jedenfalls an die Leine. Weidevieh ist von der Südseite her kaum zu erwarten, das befindet sich eher im Gebiet der Afrizer Staritzen im Norden des Gipfelplateaus.
Die beschriebene Tour ist nicht die schnellste oder kürzeste, aber unserer Meinung nach die für den Hund am besten geeignete. Der Anstieg über das „G'hackte" – die Direktvariante auf den Gipfel – ist mit Leitern und Eisenhacken sehr gut versichert, für Hunde aber ungeeignet.
Schon am Beginn der Tour beim Gasthof Bodenbauer zeigen sich die beeindruckenden steilen Felswände des Hochschwabs, und man kann sich kaum vorstellen, dort ohne Kletterkünste durchsteigen zu können. Zuerst folgt der markierte Weg dem Trawiesbach im Wald durch das Trawiestal auf die Trawiesalm und von dort steil in Serpentinen ständig ansteigend durch Latschen und Felshalden bis zum sogenannten „G'hacktbrunn". Bis hierher ist Wasser für den Hund kein Problem, dann jedoch Mangelware.
Hier teilt sich der Weg. Die kürzeste Variante über den mit Leitern und Eisenhaken versicherten Weg durchs „G'hackte" ist für den Hund ungeeignet. Über den Trawiessattel führt der

Weg Nr. 851 in Richtung Voistaler Hütte, nach dem Sattel linker Hand ansteigend über den Graf-Meran-Steig (Markierung 801, 805) über eine Steilstufe hinauf zum neu errichteten Schiestl-Haus, einem modernen Funktionsbau, der zeitgemäße Unterbringungsmöglichkeiten auf 2153 Meter Seehöhe bietet. Von dort über das Hochplateau durch Schneerinnen, in denen auch noch im Hochsommer Schnee liegen kann, auf das Gipfelplateau des Hochschwabs.

Weiter in Richtung Westen auf dem markierten Weg (801, 805) in Richtung Rauchtalsattel entlang eines mäßig steilen Abstiegs durch Latschenfelder in einem weiten Bogen in Richtung Süden auf die Häuslalm.

Ab hier gibt es wieder Wasser, und nach einer kurzen Rast kommt man durch den Wald, mehrfach die Forstwege querend, zurück zur Forststraße und zum Ausgangspunkt Gasthof Bodenbauer.

Der Hochschwab bietet die Möglichkeiten, alle Schwierigkeitsstufen wie Wanderungen, Klettererlebnisse und hochalpine Eindrücke unter 2000 Meter zu verbinden. Die Anstiege sind von mehreren Seiten möglich, vom Süden über St. Ilgen, von Seewiesen am Fuße des Seebergsattels, vom Seeberg aus über die Afritzer Staritzen und einige Klettertouren von Norden her.

30 Etrachsee – Bauleiteck

Anfahrt

Anfahrt über die S 36 Murtalschnellstraße und Judenburg, B 96 in Scheifling nach Murau. Über Ranten nach Krakaudorf. Weiter Richtung Krakauebene, dann rechts zum Etrachsee. Parkplatz am Etrachsee.

Beschreibung

(Parkplatz Etrachsee, Rudolf-Schober-Hütte, Bauleiteck, Etrachsee) **6–7 Stunden** für die gesamte Runde.

Da die Anreise in die Steirische Krakau doch recht lange dauert, haben wir mit dem Stigenwirth in Krakauebene (www.stigenwirth.at) einen Stützpunkt gefunden, der hundefreundlich Übernachtungen anbietet, um mehrere Wanderungen durchzuführen.

Ausgangs- und Endpunkt der langen Bergwanderung ist der Parkplatz am Etrachsee (1374 m). Entlang des Sees auf der markierten Route (479) bzw. bereits die gelben Markierungsschilder zur Rudolf-Schober-Hütte (1667 m). Nach der Rudolf-Schober-Hütte teilt sich der Weg nach Norden in Richtung Wildenkarseen und zum Bauleiteck (2424 m). Abstieg wie der Anstieg.

Variante Teilung bei der Rudolf-Schober-Hütte durch den Wald wieder zurück zum Etrachsee, der umrundet werden kann.

Charakter der Tour

Die Bergwanderung vom Etrachsee über einige Almen zu den Wildenkarseen auf das Bauleiteck ist eine anstrengende, weil lange Bergtour. Der Gipfel des Bauleitecks ist bereits bald nach dem Etrachsee markant zu sehen. Die beste Zeit für die Wanderung ist der September, wenn das Wetter stabiler ist und eventuell auch das Weidevieh von den Almen bereits abgetrieben wurde. Jagdlich liegt das Gebiet um den Etrachsee in

einer Hochwildzone, aber auch Gams und Rehwild sind heimisch. Der Hund sollte daher, da die Wanderung auch entlang von Fütterungen führt, an die Leine genommen werden.
Wir waren am 22. Oktober nach dem ersten Wintereinbruch des Jahres unterwegs und mussten die Wanderung beim Anstieg zum Gipfel oberhalb der Wildenkarseen abbrechen; der Schnee lag doch zu hoch, die Markierungen waren dadurch schlecht zu sehen, obwohl das Wetter mit strahlendem Sonnenschein und warmen Temperaturen ohne Wind perfekt war.
Entlang des Etrachsees beginnt der Wanderweg, der auch Teil des Weitwanderweges 02 ist, auf der Forststraße entlang von einigen bewirtschafteten Almen und Jagdhütten immer leicht ansteigend zur Rudolf-Schober-Hütte, die vom Alpenverein bereits im Jahr 1895 errichtet und damit für Wanderungen im Tal erschlossen wurde.
Auf der Grafenalm teilt sich der Anstieg, entweder weiter am Forstweg oder dem Bach entlang, mehrmals über Holzbrücken querend direkt zur Alpenvereinshütte. Bis hierher gibt es mehr als genug Wasser, hier wird der Vorrat für Mensch und Hund ergänzt. Richtung Norden durch Lärchenwald und Latschen weiter steil ansteigend auf ein leichtes Hochplateau.

Hier teilt sich der Weg zu den beiden Wildenkarseen nach Nordwesten ab, der markierte Weg (749) führt durch Blockhalden und Almrauschstauden bald nach rechts steil ansteigend die Flanke hinauf auf den Kamm. Von dort entlang des Bergkammes auf das Bauleiteck. Am Gipfel hat man einen tollen Rundumblick zurück in die Krakau, nach Westen ins Lungau und zum Preber und nach Norden in die Sölktäler. Der Abstieg wie am Anstieg zurück zum Etrachsee, wo eine Hütte beim Parkplatz zur Stärkung einlädt. Vom Parkplatz des Etrachsees bzw. einige hundert Meter vorher beim Parkplatz der Karlhütte gibt es weitere lohnende Bergwanderungen, beispielsweise auf das Rupprechtseck, den Predigtstuhl oder den Preber, dessen Gipfel die Grenze zum Salzburger Lungau bildet.
Die Steirische Krakau bietet so viele Wandermöglichkeiten, dass wir uns hier nach einen Ausgangspunkt für mehrere Wanderungen umgesehen haben. Mit dem Stigenwirth, einem 4-Sterne-Hotel in Krakauebene, das auch Ferienwohnungen und ein Wellnessprogramm anbietet, haben wir den optimalen Stützpunkt für die Wanderungen in die Bergwelt der Schladminger Tauern gefunden. Das Hotel ist zentral in der Hochebene der Krakau in ruhiger Lage gelegen und entspricht den Anforderungen von Hundebesitzern. Unter www.stigenwirth.

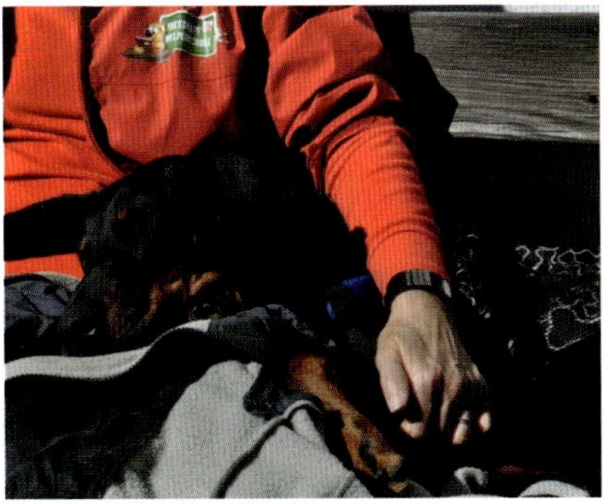

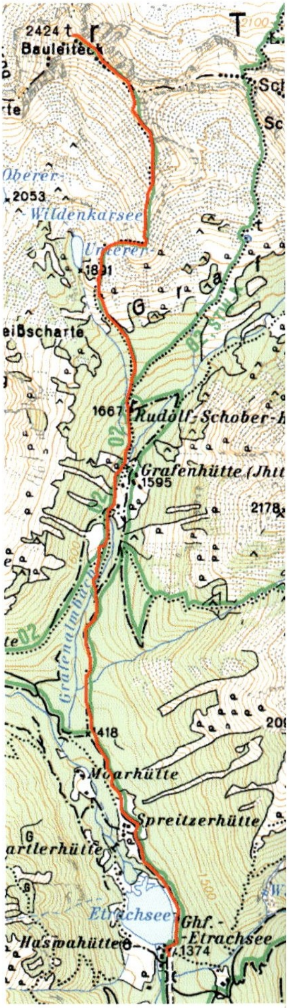

at finden Sie nähere Informationen und Schnupper- und Spezialanbote sowohl im Sommer als auch im Winter.

Der sanfte Tourismus der Krakau macht es auch möglich, dass man sich mit Tälerbussen abholen lassen kann und sich lange Talmärsche erspart. Die Hochebene der Krakau (heißt wirklich die Krakau) bietet ganzjährig sanften Tourismus, der sich deutlich von der Nordseite der Schladminger Tauern unterscheidet, wo intensiver Massentourismus vor allem im Winter vorherrscht. Langlaufloipen, Schitouren und Schneeschuhwanderungen im Winter ergänzen das touristische Anbot, wobei sogar zwei Schilifte mit einer FIS-zertifizierten Strecke vorhanden sind.

Grüner See – Ebenstein

Anfahrt

Bruck a.d. Mur, durch die Stadt in Richtung Kapfenberg, Abzweigung nach Tragöß, Oberort Tragöß, Richtung Grüner See, Parkplatz (für Mautticket pro Tag), am Grünen See vorbei bis zum Parkplatz Jassing.

Beschreibung

(Grüner See – Jassing – Sonnschienalm – Kleiner Ebenstein – Ebenstein – Jassing) **7–8 Stunden,** wenn man den Großen Ebenstein auch noch besteigen will. Lässt sich verkürzen nur bis zum Kleinen Ebenstein bzw. auch nur bis zur Sonnschienalm.

Ausgangs- und Endpunkt ist der Parkplatz in Jassing (884 m) 2 km nach dem Grünen See. Achtung: der Parkplatz ist gebührenpflichtig. Mauttickets sind nur am Beginn der Mautstraße erhältlich. Anstieg über die sogenannte Russenstraße (Markierung 836) auf die Sonnschienalm. Bei der Sonnschienhütte (1523 m) Abzweigung (Markierung 831) auf den Ebenstein. Über Zumach und den Kleinen Ebenstein (1943 m) gelangt man auf den Gipfel des Großen Ebensteins (2123 m).

Rückweg wie der Anstieg über die Sonnschienalm zurück zum Parkplatz.

Varianten wären vom Grünen See nur bis zur Sonnschienalm ohne Gipfel. Oder auf der Sonnschienalm weiter zur Häuselalm (1526 m) (siehe Tour Nr. 29 Hochschwab) und von dort wieder zurück zum Grünen See, auch ohne Gipfel.

Charakter der Tour

Die Bergwanderung auf den Ebenstein über die Russenstraße und die Sonnschienalm ist eine lange und durch den steilen Anstieg auf die beiden Gipfel des Ebensteins auch sehr anstrengende Tour. Der Höhenunterschied von knapp 900 m vom Parkplatz Jassing bis hinauf zum Großen Ebenstein beträgt 1200 Höhenmeter.

Vom Parkplatz steigt man auf der Russenstraße, die von russischen Kriegsgefangenen im Ersten Weltkrieg errichtet wurde, entlang der steilen Abbrüche der Stallmauer hinauf auf die Sonnschienalm. Man kann die sehr lange Serpentinenstraße, durch einen Waldweg nach einer Geröllrinne abzweigend, steil ansteigend abkürzen. Die Forststraße windet sich in einigen Kehren immer gleichmäßig ansteigend nach oben.

Bei der Sonnschienhütte, die aus jagdlichen Gründen zwischen Mitte September und Mitte Oktober (Hirschbrunft) geschlossen ist, zweigt der markierte Steig durch Latschen und Geröllblöcke nach Westen ab und steigt dann beim „Sonnschienbründl" entlang der Geländekante steil in Windungen über den Zumach hinauf zum Kleinen Ebenstein. Unter dem Gipfel befindet sich eine Holzbank neben einem Gedenkstein für einen verunglückten Bergkameraden, die nach dem steilen Anstieg als willkommene Raststätte genutzt wird, mit einem tollen Ausblick nach Süden. Ende Oktober, nach dem ersten Schneefall des Jahres, war der Anstieg durch gespurte Tritte noch deutlich anstrengender als im Sommer. Von dort noch in rund einer ¾ Stunde auf den Gipfel des Großen Ebensteins. Man hat von dort einen Rundblick nach Osten zum Hoch-

schwab und zur Hohen Veitsch, nach Norden zu den Wildalpen und nach Nordwesten ins Gesäuse.
Die Wanderung am Rande des Hochschwabgebietes ist gekennzeichnet durch die charakteristischen steilen Anstiege der Kalkkegel, der Reiz ergibt sich aber durch den Kontrast mit dem Almencharakter der Hochfläche der Sonnschienalm. Für Wanderungen mit dem Hund sind keine alpinen Gefahren zu beachten, jedoch eine gehörige Portion an Kondition sowohl für Vierbeiner als auch Hundebesitzer. Wasser ist bis kurz vor

den steilen Anstiegen zu den Gipfeln immer vorhanden. Im Sommer ist die Sonnschienalm Weidegebiet und Mitte September bis Mitte Oktober jagdliches Sperrgebiet, das mit dem Hund dann nicht betreten werden sollte.

Wenn man die beiden Gipfel nicht erklimmen möchte, bietet sich auf der Hochfläche der Sonnschienalm noch die Möglichkeit, auf die Häuselalm ohne Anstiege weiterzuwandern. Beide Hütten eignen sich hervorragend als Labestationen und Raststätten bei der anstrengenden Wanderung.

Nach der Tour sollte man unbedingt beim Zurückfahren einen kurzen Stopp beim Grünen See einlegen. In dem türkisgrünen Wasser spiegeln sich die steilen Wände des Pribitz.

Tourenübersicht

Nr.	1-Pfote-Touren	Seite	Dauer in Stunden			
1	Grambach (Raaba) Nord-Westring	52	2			
2	St. Nikolai – Demmerkogel – St. Nikolai	55	5		🐄	〰️
3	St. Martin – Buchkogel (Rudolfswarte) – Steinberg – St. Martin	58	2–3			〰️
4	Rechberg – Teichalm – Rechberg	61	4–5	🦌	🐄	
5	Krakauebene Etrachsee	64	3	🦌		
6	Pöls – Falkenberg	68	2–3	🦌	🐄	
7	Lachtal – Hoher Zinken – Tanzstatt	72	3–4	🦌	🐄	〰️
8	Klöch Traminerweg	75	2–3			
9	St. Anna a. Aigen – Weinweg der Sinne	78	5			
10	Packer Stausee	81	3–4			
11	Gaberl – Altes Almhaus – Salzstieglhaus	85	4		🐄	〰️
	2-Pfoten-Touren					
12	Triebental – Triebner Törl – Sonntagskogel – Triebental	90	4–5	🦌	🐄	〰️
13	Hohe Veitsch	95	4–5	🦌	🐄	〰️
14	Weinebene – Grillitschhütte – Koralpe – Grünangerhütte	98	5–6	🦌	🐄	〰️
15	Schattensee	102	4–5	🦌		
16	Kreiskogel – Scharfes Eck – Hohe Rannach	106	5–6	🦌	🐄	〰️
17	Der Zirbitz	111	5–6	🦌	🐄	
18	Sommertörl – Lahneck – Glaneck – Kesseleck	116	5–6	🦌	🐄	〰️
19	Ingeringsee – Kettentörl	120	5–6	🦌		
20	Deneck Sölktal	124	4–5		🐄	
21	Roßbachkogel	127	4–5		🐄	
22	Alpl – Hauereck	132	2–3	🦌		〰️
23	Bärntal – Triebner Törl – Großer Grießstein	136	5–6	🦌	🐄	〰️
24	Greim	140	4–5		🐄	〰️

	3-Pfoten-Touren	Seite	Dauer in Stunden			
25	Mariazell – Herrenboden – Tonion – Mariazell	144	5–6	🦌	🐄	≋
26	Gaberl – Steinplan – Gaberl	148	6–7		🐄	≋
27	Hochreichart	152	6		🐄	≋
28	Krugspitze – Krugtörl – Krugsee	156	6–7		🐄	
29	Hochschwab	160	7–8	🦌		≋
30	Etrachsee – Bauleiteck	164	6–7	🦌		
31	Grüner See – Ebenstein	168	7–8	🦌	🐄	

… viele weitere Erlebnisse!

176 Seiten, ISBN 978-3-99024-026-7

Franz Sieghartsleitner
Rad-Erlebnis
Mostviertel, Nationalpark Kalkalpen und Eisenwurzen

Im Grenzgebiet zwischen Niederösterreich, Oberösterreich und der Steiermark lässt es sich nach Lust und Laune mountainbiken.
30 Touren für fast jedes Zeitbudget und Können. Herrliche Blicke, genussvolle und anspruchsvolle Touren vom Kenner präsentiert. Jede Tour mit Höhenprofil, Karte, Fotos, GPS-Daten und Schwierigkeitsgraden – von leicht bis sehr schwer mit gezielten Infos zu Anforderung an Kondition und Fahrtechnik.

www.kral-verlag.at

176 Seiten, ISBN 978-3-99024-004-5

Bernhard Baumgartner

Wandererlebnis

Mariazeller Land – Ötscher

„Stoasteirische Gipfel“ wie Tonion und Kräuterin gelten als Tipps für Naturbegeisterte und Almgeher. Baumgartners Wander-Favoriten von Mariazell bis zu Schneealpe, Veitsch und Hochschwab mit ausgeklügelten Routen, von gemütlich bis alpin. Genießer-Varianten für Familien finden sich genauso wie Touren für anspruchsvolle „Bergfexe“!

168 Seiten, ISBN 978-3-99024-014-4

Hans Hödl

Wandererlebnis

Hochschwab & Hohe Veitsch

35 Wanderungen und Bergtouren durch eine der großartigsten Naturlandschaften der Ostalpen. Alles, was das Bergwanderer-Herz begehrt. Hans Hödl ist seit mehr als 40 Jahren im Hochschwabgebiet unterwegs, über 50-mal hat er den „Schwaben“ von allen Seiten bestiegen. Sein Erfolgsrezept: Er schreibt nur, was er begangen und überprüft hat.

176 Seiten, ISBN 978-3-99024-041-4

Günter Lehofer

Wandererlebnis Waldheimat

Hügelige Landschaften und der voralpine Charakter der Waldheimat laden zu angenehmen Wanderungen ein. Dies schließt den Pöllauberg genauso mit ein wie Stubenberg am See und die Teichalm. Von Bruck an der Mur bis ins Laffnitztal finden sich leichte bis mittelschwere Wanderungen, ideal für Familien zu nutzen. Für sportlichere Wanderer hat Günter Lehofer auch einige 2-Tages-Touren eingestreut.